溫拿50

鍾鎮濤｜陳志濤（陳友）｜譚詠麟｜彭健新｜葉智強

藝能製作　策劃｜簡嘉明　著

The Wynners

温拿

溫拿樂隊
全部歌曲
It's Rock 特輯

溫拿五虎

不是序的序　張國忠

當溫拿希望我為他們的書寫序時，我第一個反應是「No」，因為我覺得很難。難在於我不是一個文字工作者，但他們說，我和他們合作那麼久，有多難？只要把內心對他們的感覺寫出來便是，如此一說，似乎又真的很易！

其實我年紀比他們都小，所以我和讀者們一樣，都是受他們的音樂影響，也熱愛他們的音樂，或者說，那是一個中西合璧年代的音樂。唯一我比較幸運的，是可以從朋友變成他們的工作夥伴，而且一工作便是 30 幾年，所以溫拿兩個字，在我人生中佔有很重要的位置。

溫拿兩個字在我心目中，不只是一個流行樂隊組合的名字，更不只是我作為經理人的其中一個合作夥伴，而是代表着陪伴我到現在的一種精神。溫拿精神就是努力上進，團結卻又可以各自追求自己理想的精神。五人在一起時，各有特色、長處、性格，雖然爭拗可以不斷，但總會互相包容，達致共識，確立共識後，便齊心做到最好。這是我見過最多在工作上有不同意見的一個組合，但往往又是最少對相互間有意見的一個組合，所以他們可以合作到現在，而且還不斷希望共同創作最新作品。這種不屈不撓的工作熱誠，我便稱呼作「溫拿精神」。這種精神不知不覺間，也時不時影響着我。我希望讀者看完這書，也感受到這一種精神，而溫拿出版這本書，也是希望把這種精神以文字形式記載下去，流傳以後！

目錄

Chapter 1
溫拿談溫拿

I. 譚詠麟 Alan Tam

生日：8月23日

樂隊崗位：主唱

最喜歡的歌曲：*Father and Son*、*She's Always a Woman to Me*

最喜歡的樂隊：The Beatles

最喜歡的電影：教父

最喜歡的食物：雲吞麵

最喜歡的顏色：米色、淺藍色

最喜歡的動物：雄性獅子

最喜歡的節日：農曆新年

如果假期只可與一名隊友度過，你會選誰？
答：健仔，因為他無聊。

如果要變成一名溫拿成員，你會選誰？
答：阿強，因為他無憂無慮。

如果當初沒進入娛樂圈，會投身哪個行業？
答：從商、廣告界，想當廣告創作人。

與溫拿成員在一起，如不讓你們唱歌，你會建議做什麼？
答：一起談往事，回顧人生。

II. 鍾鎮濤 Kenny Bee

生日：2 月 23 日

樂隊崗位：主唱、鍵琴手

最喜歡的歌曲：*Let It Be*，因為中文可翻譯為「讓一切隨風」。

最喜歡的樂隊：The Beatles、溫拿

最喜歡的電影：*Pulp Fiction*

最喜歡的食物：花膠

最喜歡的顏色：藍色

最喜歡的動物：熊貓

最喜歡的節日：中秋節

如果假期只可與一名隊友度過，你會選誰？
答：陳友，因為他懂烹飪，而且煮得很好吃。

如果要變成一名溫拿成員，你會選誰？
答：每個隊員都有優點和缺點，我還是喜歡做阿 B，用我自己的方式來經營人生，不羨慕也不計較，做個容易滿足的快樂人，也將我的快樂跟樂迷分享。

如果當初沒進入娛樂圈，會投身哪個行業？
答：離不開藝術行業，如畫家、書法家、設計師，反正不會是會計師、律師或當官。

與溫拿成員在一起，如不讓你們唱歌，你會建議做什麼？
答：溫拿在一起有玩不完的遊戲、拗不完的氣、講不完的話，只會覺得時間不夠。

III. 彭健新 Bennett Pang

生日：4月6日

樂隊崗位：主音結他手、和聲

最喜歡的歌曲：所有搖滾樂

最喜歡的樂隊：The Beatles

最喜歡的電影：兩小無猜

最喜歡的食物：海鮮

最喜歡的顏色：藍色

最喜歡的動物：狗（OK仔）

最喜歡的節日：中秋節

如果假期只可與一名隊友度過，你會選誰？
答：阿倫，因為他可以安排整天行程，不會悶，但會很累。

如果要變成一名溫拿成員，你會選誰？
答：阿強，因為整天都不用說話。

如果當初沒進入娛樂圈，會投身哪個行業？
答：開娛樂公司，培育新人和製作好的音樂。

與溫拿成員在一起，如不讓你們唱歌，你會建議做什麼？
答：當然是去釣魚，可以打發時間，又有魚吃，一定開心。

IV. 陳友 Antony Chan

生日：10 月 1 日

樂隊崗位：鼓手、和聲

最喜歡的歌曲：60 年代經典英文歌曲

最喜歡的樂隊：The Beatles

最喜歡的電影：教父

最喜歡的食物：本地野生海產

最喜歡的顏色：淺藍色

最喜歡的動物：狗

最喜歡的節日：國慶

如果假期只可與一名隊友度過，你會選誰？
答：阿強，因為他最安靜。

如果要變成一名溫拿成員，你會選誰？
答：阿 B，因為他幸福快樂、兒孫滿堂。

如果當初沒進入娛樂圈，會投身哪個行業？
答：從事創意產業。

與溫拿成員在一起，如不讓你們唱歌，你會建議做什麼？
答：講爛 gag，做習慣的行為。

V. 葉智強 Danny Yip

生日：7 月 16 日

樂隊崗位：低音結他手、和聲

最喜歡的歌曲：搖滾樂

最喜歡的樂隊：The Beatles

最喜歡的電影：偵探片、大自然紀錄片

最喜歡的食物：自己煮的意大利粉

最喜歡的顏色：綠色

最喜歡的動物：狗、貓

最喜歡的節日：聖誕節

如果假期只可與一名隊友度過，你會選誰？
答：與健仔去釣魚。

如果要變成一名溫拿成員，你會選誰？
答：自己，因為各人都有自己的性格和特色。

如果當初沒進入娛樂圈，會投身哪個行業？
答：維修工程師。

與溫拿成員在一起，如不讓你們唱歌，你會建議做什麼？
答：找地方吃東西，我們都喜歡吃。

隊員的心底話 |

五個角度一條心，溫拿談溫拿，是一個有趣的過程。五個腦袋，分別盛載着同屬一個殿堂級樂隊充滿傳奇的集體回憶。由初相識的經過、組合的前身與光輝歲月、如今仍記憶猶新的趣事、走紅到分開的難忘經歷，以五個不同的角度娓娓道來，不論看法一致，還是各有補漏拾遺，皆合力編織了一個見證香港流行音樂與文化發展既立體又真實的故事。五個同樣熱愛音樂的「香港仔」，在充滿機遇的成長環境中憑努力奮鬥而光芒四射，更無懼人生順逆與時間考驗，建立了「一條心」的友誼，真摯可貴得教人讚嘆感動，以行動說明了何謂千載不變的兄弟情。

譚詠麟

阿強牽線的音樂旅途

溫拿成員之中，阿倫最早認識阿強。想不到一個沉靜寡言的男孩，自從將一名喜歡唱歌的朋友帶進生活圈子後，竟無意間為香港樂隊的黃金盛世揭開序幕。

「我第一個認識的溫拿成員是阿強。那時學校暑假有許多音樂比賽，所以不少業餘樂隊相繼成立。我曾經在某年暑假加入八隊band，其中一隊的結他手就是阿強。他告訴我在天后電氣道練歌，叫我有空去玩，因此認識了阿叻和健仔等。」

蜷縮在睡床上的健仔

「健仔年輕的時候很『奀細』，比我矮三吋，也許他發育遲，後來才長高。阿叻當時住在健仔家的洋服店閣樓，媽媽是二房東，負責收租。我去找阿叻時必須經過健仔所睡的尼龍床，只見他常日上三竿也不起來，所以給我的印象是一隻『蝦米』，常蜷縮在床，非常嗜睡。」

「沙塵仔」陳友

同時間，阿倫認識了天后的街坊陳友，乃人所共知的「沙塵仔」，喜歡「認叻」。

「『陳友』的名字真沒改錯（陳友的真名是陳志濤），是健仔給他

起的昵稱，意思是『沙塵友』，什麼也拿出來吹噓，家裏是沒有秘密的，因為都給他公開了，有任何新穎有趣的東西也拿出來炫耀。」

如果以為陳友「沙塵」就不受同輩歡迎，那就大錯特錯，因為在一群十來歲小子的眼中，不單沒因陳友的行為而反感，反覺得這高瘦的男生常常給他們看到充滿新鮮感的東西，令他們十分好奇。

溫拿前身 The Loosers 的崗位分配

溫拿樂隊的前身是「The Loosers」，那時阿 B 還沒加入，成員包括著名演員陳百祥（阿叻）和陳百燊兩兄弟，原來初期全隊成員都是彈結他的。

「那時流行學彈結他，但沒可能整隊都是結他手，於是就由健仔分配崗位。健仔繼續彈主音結他，阿強彈 bass（低音結他），陳友打鼓，陳百燊負責 keyboard（鍵琴），我和阿叻就唱歌。」

健仔邀請重返樂隊

阿倫 1967 年認識「The Loosers」各成員，一起參加歌唱比賽，1969 年獲得「海灘音樂節」冠軍。其後受邀前往日本沖繩表演，在那裏住了數月。工作結束後，阿倫在家人安排下前往新加坡留學，回港後發現「The Loosers」已面目全非。

「回港後原有的樂隊已改頭換面，阿叻兄弟離隊從商，找了一個名叫『大口仔』Kenny Cheung 的負責唱歌和彈 keyboard，後來阿 B 加入，會吹喇叭和主唱，我則從事了別的工作。那時他們在灣仔

一間名為 Downtown 的酒吧工作，我偶爾去探班，看到他們玩得
很開心。後來健仔游說我重返樂隊，我同意了，但只當是兼職。」

在 Downtown 兼職時期，阿倫和阿 B 輪流唱歌和彈琴。據阿倫說，
他們曾結伴去跟 D'Topnotes 樂隊的鍵琴手鍾定一（阿一）學琴。

溫拿走紅　阿倫分身乏術

從新加坡返港後，阿倫到了洋行打工，也有經營自己的生意，包括
開廣告公司，直言最初只視溫拿的工作為其中一份兼職。

「我與當時香港七大廣告公司的人稔熟，包括黃霑，所以自己也開
了家廣告公司，旗下有 1,700 多名廣告演員，當中有很多是外籍人

士，因為在酒吧工作，可以遇到許多外國人，先用『寶麗來』替他們拍照，然後安排試鏡就行，有些小型的廣告我也可以承包。」

想不到溫拿樂隊走紅得很快，工作越來越多，精力無限的阿倫也開始應接不暇。

「當時樂壇有種現象名叫『嵌 band』（樂隊互相較勁），因為六七十年代流行英文歌，而同期樂隊都會演唱當下最流行的十首作品，更會同場演唱相同歌曲，所以高下立見。當時許多樂隊都害怕遇到我們，怕給比下去。」

「有段時期我會同時接夜總會、酒吧、disco 的工作，凌晨 3 時至 6 時還會去音樂人下班後吃飯的場地玩音樂。故此我要凌晨 4 時半早走，乘 walla-walla（往來香港島與九龍半島的電船）回家，6 時前睡，清晨 7 時左右起床，因為要 8 時前回中環上班。由於早上的交通會越來越繁忙，所以如果我 7 時 40 分不能出門，每遲五分鐘就要多花 20 分鐘才到公司。那時我長期每天只睡個多小時，所以現在每天有四小時睡眠已覺得很足夠。」

樂隊發展理想，令阿倫下定決心全力投身樂壇，自始展開一帆風順的銀色旅途，甚至要適應更忙碌的人生。

「全職在溫拿，加上後來獨立發展，我連續 14 年沒正式放過長假，勉強只有三次休息，分別是八天、三天和六天，我記得很清楚，因為其餘的日子全排滿了工作。」

擺平隊員的打架事件

溫拿樂隊成立以來，極少爭執，卻試過動手，而且主角是一向與世無爭的阿強。話說拍攝《追趕跑跳碰》其中一場戲，陳友扮盲人，要四處亂摸，竟將手指插進阿強的鼻孔，阿強隨即大發雷霆，還以顏色。

「阿強當時真的把陳友整個人抽起，最後是我勸止的。問他們究竟發生什麼事，才知道原來天氣太熱，十分難熬，阿強還被插鼻孔，所以忍不住就起手還擊。當時是吳宇森幫我們補拍戲份，他見勢色不對，就說停拍。其後阿強也知自己不對，於是我提議他擺『和頭酒』請隊員吃飯，我們就去了灣仔吃西班牙炒飯，事情就這樣了結。」

錄音室「放火蚊」　阿強肚皮變蛋糕

好兄弟沒隔夜仇，五個好玩的年輕人沒有改變他們的調皮本色，可憐遭殃的還是阿強。

「『放火蚊』的玩意是陳友想出來的。我們在錄音室練歌，見阿強躺着熟睡，陳友就點火柴，然後吹熄，再摘下焦黑的火柴頭，用牙垢黏在阿強的肚皮上。最初他只黏了一粒，我在旁覺得很有趣，於是圍着阿強的肚臍越黏越多，像生日蛋糕上的蠟燭。阿強仍然沒醒，於是我們點燃了那些焦黑的火柴頭，還關掉錄音室的燈。看着那些「火蚊」越燒越紅，實在太好笑，阿強也終於醒來，我們卻只聽到他說：『好玩嗎？這樣好玩嗎？』那就是我們經典的惡作劇。」

阿 B 舞台失蹤事件簿

溫拿的共同經歷數之不盡，難忘的當然不只隊員間的惡作劇，還有在馬來西亞登台時，主唱的阿 B 在台上突然失蹤，負責和音的阿倫只聽到自己的歌聲，奇怪之際，竟發現阿 B 衝上了觀眾席！

「我們在一個可容納萬多人的場地，沒有空調，舞台在場館中央，四周的觀眾席比舞台高，要走下長長的樓梯才到達舞台。那次我和阿 B 輪流唱主音和二音。到了第三首歌，我很投入地唱，卻發覺現場只聽到自己的和音，回頭發現阿 B 不見了！抬頭一看，他正在觀眾席，而且直奔上樓梯。當時我們穿的是色彩鮮艷的羽毛上衣，阿 B 是粉紅色的，因此我就看着他如《芝麻街》中的那隻大鳥般不停在跑，而旁邊的觀眾則不斷拔他衫上的毛！阿 B 發狂般直奔頂層，我們才曉得他要衝進廁所，應該是開場前吃過海鮮，他肚痛，所以急需解決。等到他回到舞台，人沒事，但身上的羽毛卻

被拔光了。」

酒店鬧鬼疑雲

樂迷看到偶像衝進觀眾席，當然會興奮得不能自控，但全球歌迷眾多的溫拿，狂迷追星的行為當然還有更瘋狂的，他們也見怪不怪。

「我們見過許多瘋狂的樂迷，例如一次到台灣宣傳，於高雄一間百貨公司的頂樓開記者招待會。歌迷聞風湧至，有人拉着陳友的鞋跟不放，在扶手電梯從地下拉到頂樓，最終陳友是掉了一邊鞋跟出席記者會的。」

拉着偶像不放已不算誇張，有人更是拚死要見溫拿一面。

「我們到馬來西亞一個偏僻的地方登台，住酒店以為鬧鬼，因為整夜不斷有人砰、砰、砰地敲窗，又有聲音叫『科拖、科拖』。後來才知原來有歌迷爬上我們的酒店房外，隔着窗戶要求簽名照片『photo』。由於大堂封了不准歌迷闖入，他們唯有爬牆上來，但當時我們住在三樓，其實非常危險！」

樂隊中言無不盡的營養主任

溫拿五虎一起成長，共度銀河歲月 50 載。他們各自在隊中扮演着不同的角色，阿倫就形容自己為「營養主任」。

「我常常請他們吃飯，也喜歡飲食。不過除了吃東西，我也可說是一名分析員，因為他們有事情想不通就會問我，工作以外的私人問

題也會跟我談。漸漸成為習慣，就會有點依賴我，也許我又比較八卦，願意替他們分析。我沒所謂的，一定知無不言，言無不盡。」

告別在即　盼留下美好回憶

溫拿成立十周年的時候，舉行過重聚演唱會，原來當時大家沒想過以後仍會再唱，但在台上看到觀眾熱情澎湃和依依不捨，於是阿倫就宣佈每五年重聚的約定。

「十周年演唱會圓滿結束，我高喊每五年重聚，其他隊員也沒意見，因為當下大家已哭成淚人。」

一直有傳聞溫拿要告別樂壇，本年（2023年）夏季終於正式宣佈推出告別專輯與舉行告別演唱會，阿倫表示贊成。

「以往一直有傳聞，但我反對；這次我贊成，因為不能只顧自己的意願，也要考慮歌迷的年齡層。縱然溫拿樂隊在香港有象徵意義，但運行的馬達總有停下來的一天，不如趁大家仍有能力好好演出告別，讓觀眾留下美好的回憶。」

人生最大的榮幸與福氣

告別成了定局，但彼此的友情不變，阿倫回憶與隊友結伴的青蔥歲月，仍樂上心頭。

「跟溫拿一起的時光實在太開心，那些日子練習和工作，簡直快樂到不想回家，希望日夜都能見面。年輕的歲月，我們在電氣道練

歌，又四處觀摩其他樂隊的表現，更一起去青年會看許冠傑和 Joe Junior 演出。我們很羨慕許冠傑，沒想過自己日後也有機會成為台上的歌手。擁有溫拿這班兄弟是我人生極大的榮幸，也是福氣。」

感性時刻主持大局

兄弟班告別舞台，少不了淚灑當場的感人時刻，阿倫預料最快哭出來的是阿 B，不過其實整隊也是「喊包」，為了穩定大局，阿倫會叫自己冷靜一點。

「始終要有人穩住場面，而我一直也擔當這角色，也預計歌迷一定不捨，因此更要控制自己，不能哭得太厲害。然而藝人總是感情豐富，由於演戲和唱歌也要短時間內投入，所以很容易被觸動。我有時看動畫也會哭，希望到時真的可控制大局，我盡量吧！」

未來以不變應萬變

完成告別演出後，阿倫表示會繼續音樂事業。新的計劃還沒有，不過他認為歌迷應不想他有太大變動，只要繼續演唱和出版新歌就行。至於未來，阿倫覺得無法完全掌控，但認為自己仍會有「黃金十年」。

「我自訂的『黃金十年』已經開始了，人在不同階段有不同想法，這是人之常情。經過數年疫情，發生了很多事讓我體會到人生無常。許多事情自己控制不了，也無法預計，所以我要好好珍惜。」

好兄弟的未來音樂路

聚散無常，可以肯定的是溫拿五虎對音樂的熱誠恆久不變。對於各人告別演出後的音樂路向，阿倫已心中有數。

「我不擔心阿 B，因為他還會繼續個人音樂事業的發展。健仔也一樣，有自己的樂隊和提攜後輩的想法，他有自己的一套理念，樂於教導別人。陳友有自己的 studio，可以練歌和錄音，也會在網上直播，喜歡與別人一起 jam 歌。至於阿強，應該會淡出，他要安享晚年，更要與澳洲的生物接觸。他上次回港，我已覺得他似樹熊；這次他為告別演出回港，反應已經比數年前快了。」

The Wynners
and
Alan Tam

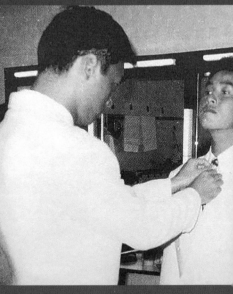

新都城酒樓夜總會 舉辦
會與Bee Gees公開演奏，全港最受歡迎青年偶像
the Wynners
Sunday Party
逢週日下午3.50至6.50　　今期：12月15日（星期日）
門券：每位20元　　供燒鵝牌一隻及飲品兩杯
售券：曾福琴行，新巴黎琴行及本酒樓營業部
歡迎臨時入場購券　　630221

鍾鎮濤

阿 B 的音樂才華是與生俱來的，認識溫拿之前，年僅 16 歲的他已是酒吧的駐場樂手，比其他隊員都早入行。

彈着彈着就懂了

「我沒特別學音樂，看到別人玩樂器就跟着自學，主要憑觀察和天份。大部分歌曲我聽一兩次就能彈奏和演唱，連學英文都是靠聽英文歌。」

阿 B 懂彈奏不少樂器，開始打鼓則是因為陳友練習時常常遲到。

「陳友遲到，我就趁空檔打鼓，漸漸就學懂了。最初也不懂彈琴，剛巧工作的酒吧有名鍵琴手教我，但他常不上班，有時我會代班，彈着彈着也就懂了。」

以為別人都該懂音樂

由於自幼在音樂範疇有過人的天賦，阿 B 曾一度以為所有人都應該懂得音樂，當別人跟不上他的進度時，他就會鬧脾氣。

「年輕時會因為別人不懂音樂而生氣，對待其他音樂人也欠缺耐性。在溫拿樂隊中日漸成長，我才曉得每個人都有不同的才能，不是人人擅長的東西都一樣。後來成熟了，性情也有所改變。現在看到女兒鍾懿自小有音樂方面的悟性，我也像看到當年的自己，但那

時的我卻太孩子氣。」

欣賞鼓手　加入溫拿

阿 B 對拍子很敏感，非常留意鼓手的表現。在酒吧和夜總會工作時，常常覺得其他人打鼓不太合心意，陳友卻是例外。

「陳友在酒吧打鼓時，我就挺欣賞他，他知道我這樣說，一定會沾沾自喜。認識他的時候，我在酒吧吹色士風（saxophone）。陳友打鼓很有味道，可以打出 pop 的感覺，而且掌握到不同的音樂風格。他很健談，常扮鬼扮馬，扮馬走路真的非常神似！此外，陳友

是一個不怕重複的人，所以後期有能力當導演，可以將同一番事情向劇組不同的人說明，正如他喜歡 drum solo，到現在也沒變。」

試玩樂器　認識天后街坊

跟着陳友去玩的阿B，在天后認識了阿叻。阿叻有一具色士風，卻不太有心機練習，反而是阿B技驚一眾街坊。

「有天去找阿叻，拿他的色士風玩，其他人聽到，還以為阿叻一早起來練習，而且大有進步，後來才曉得是我吹的，於是就認識了同樣喜歡音樂的阿強和健仔。」

喜歡木訥的阿強　凌晨初遇阿倫

「阿強很 cool，但我喜歡他的性格。他不煩氣，永遠不會騷擾別人，又很準時，待人接物不會令人覺得有負擔。」

至於溫拿樂隊的另一名主唱阿倫，跟阿B不是在天后認識的，最初碰面竟是在尖沙咀的天星碼頭。

「有一次陳友去了我的樂隊代班，在尖沙咀演出。由於凌晨 1 時30 分下班，我們就坐 2 時開出的尾班天星小輪回港島區，如果遲了就要乘 walla-walla。某一夜，我們在碼頭遇見阿倫，陳友介紹了我倆認識。其實我見到他之前已聽過阿倫這名字，知道他玩業餘樂隊，所屬的 The Loosers 是學校樂隊中的偶像級人馬，也聞說阿倫唱歌很好，*The House of the Rising Sun* 是用原 key 唱的，所以也很想一睹他的真面目。他給我的第一印象是很年輕英俊，卻不知

道他其實比我年長，那年我也只有 17 歲。」

加入溫拿，阿 B 最初視為多了一項工作，怎料與隊員的緣份轉眼間就 50 個年頭。

「我成為樂手時已在尖沙咀工作，包括夜總會與日本人會所，是比較高檔的場地，有大樂隊，我負責伴奏，吹色士風，有歌手中場休息時，也可以代唱幾首歌，還曾經見過小鳳姐（徐小鳳）來登台。一個地點的工作結束了，我就去別的地方找工作，那時健仔他們去了灣仔 Downtown，就叫我加入，想不到一加入就直到現在。」

鼓手與貝斯手的矛盾

溫拿五人感情很好，不會吵架，然而鼓手和貝斯手是較易有矛盾的。

「貝斯手很依賴鼓的節奏，如果鼓打不好，低音結他很難跟得到。這兩個位置互相依存，負責的樂手也易生磨擦，但阿強和陳友就合拍到不得了，偶爾出現一些關於音樂的意見，我就會幫忙調解。」

阿強與陳友最厲害的一次衝突，是在電影《追趕跑跳碰》的拍攝現場，阿 B 在場，卻沒有目睹事發經過。

「阿強出拳打陳友，我最初不知發生什麼事，後來才曉得陳友扮盲，將手指插進了阿強的鼻孔。阿強一生氣，也顧不了什麼演員道德，NG 就 NG，即時出手還擊。不過大家很快沒事，不會放在心上，我們是不會反臉的。」

不顧一切　衝上樓梯

溫拿隊員間不會出現真正的衝突，五人反而因為並肩到世界各地巡迴演唱，有許多有趣又難忘的回憶。問及登台時因肚痛而在舞台失蹤一事，阿B也直認不諱，因為那次印象實在太深刻。

「那時候我們很少吃得很豐富，常吃海南雞飯與窩蛋牛肉飯之類，阿強就吃乾炒牛河，現在他還是常點乾炒牛河的。那次登台，主辦方在開 show 前請吃海鮮，眼前都是美食，我們就開懷大嚼！我吃了很多，肚子也脹了，到達表現場地時已開始攪肚子，滿頭大汗，很不舒服，其他人以為我有點緊張。直至唱到第三首歌就不行了，要飛奔上廁所。幸好我們是在場館的樓梯走落舞台，我看到廁所在樓梯頂旁邊，所以就衝上去。那天我穿粉紅色羽毛衣，觀眾近距離見到我覺得很奇怪，並一路上拔我身上的羽毛，我也顧不了那麼多。」

一會兒後，阿B排除萬難重登舞台，鬆一口氣。他回憶這經歷時也不明白自己當時為什麼可以夠氣，在長長的樓梯上來回地跑，然後還能繼續唱歌。

阿倫臨時買布鞋　酒店窗外有歌迷

演出的倒霉事當然不只這宗，阿倫的鬆糕鞋也令阿B記憶猶新。

「阿倫以前穿厚底鬆糕鞋常常會掉鞋跟，有一次我們在城門水塘拍外景，他的鞋跟還左右兩腳一起斷掉！又有一次在馬來西亞，他被蜂擁而上的歌迷弄斷了一邊鞋跟，唯有隨便買來一雙布鞋，全程穿着，可見那時我們對服裝的要求不高。」

上世紀70年代，溫拿樂隊去過不少位於東南亞的小埠登台，阿B還記得有個地方名叫山打根，位於馬來西亞。不過無論地方或場館有多大，樂迷也非常熱情，而且有瘋狂的表現。

「歌迷會爬上酒店房間的窗外找我們，索取簽名照片。以前保安不太嚴密，有些歌迷會突然在路上跳出來。我們出埠工作，不會有許多隨行工作人員，很多事情都要自己應付。」

各司其職　默契取勝

溫拿迅速走紅，不無道理。隊員各具實力，默契天衣無縫是他們成功的關鍵。

「有關音樂的事情，大家都會聽我的意見，因為我學得快，性情也

比較急，所以會率先提供建議。有些歌曲需要三組和音，他們未學懂，但錄音時間緊迫，我就一人唱三組和音，日後現場演出時大家才一起唱。我們都很努力練習，所以溫拿的和聲較其他樂隊出色。」

健仔和阿倫都能唱和音，阿 B 指阿倫聲線好又有天份，跟他合唱很有默契。

「初期我主要唱快歌，阿倫唱慢歌比較多。他唱抒情歌很動聽，後來我倆就沒分得太明顯，快慢也可以，兩個聲部就更得心應手。現在每次和他合唱，我們仍有當年的感覺和默契，與其他歌手合作是沒法相比的。溫拿的和音已超越要唱得齊的標準，我們不是機械式地合唱，有自然流露的個人風格，但效果仍令人滿意。」

台灣發展際遇佳　阿 B 阿倫成當紅小生

兩名主音人氣盛，開始進軍電影界，獲得不少片商邀約。後來陳友開口提出解散，大家嘗試不同的工作。

「陳友提出解散前，我和阿倫已開始做樂隊以外的工作，健仔亦開了茶餐廳，大家都有不同的打算。我去了台灣拍電影，阿倫亦在《青春熱潮》與《天虹》兩部電視劇中演出。其實我只是早阿倫少許到台灣，第一齣電影是《小城故事》，反應很好，第二齣電影《早安台北》與阿倫的《忘憂草》是差不多時期上映的。」

隊員念舊　溫拿一再重聚演出

縱橫娛樂圈數十載，溫拿在樂迷心目中仍佔據重要位置，也舉行過

數次周年紀念演唱會。阿 B 指因為阿倫念舊，所以隊友才可齊集演唱。

「溫拿解散後，阿倫為人越來越成熟，人際關係很好，合作的班底多年不變，他的發展成績有目共睹。然而他非常念舊，總希望溫拿可以再合作，所以我們有多次重聚開演唱會的機會。那麼忙的他也不介意再回溫拿，我們當然也感高興，彼此都不會計較。」

沒有阿 B 的《曲中情》

溫拿樂隊為五虎帶來豐富的收穫，多年共事，讓阿 B 大開眼界。其實五名隊員性格完全不同，相同的只是喜歡音樂和飲食，但竟能一直維繫深厚的友情，非常難得。

「後來我們見面聚舊已不一定為了音樂的事，而是因為交情。我本身沒太多嗜好，但會跟他們去玩，喜歡與隊友在一起。例如去阿倫家吃飯，他會教我們玩新遊戲，有許多主意。如果有人不能抽空應約，我們會盡量遷就，就算是開工，健仔晚上接了其他工作，我們都會自動自覺盡快完成拍攝，令他不會遲到。別的樂隊可能會因檔期而反臉，但我們不會，不需明言也會互相遷就。正如我在台灣拍電影時，沒空回港錄音，他們也想方法幫我，甚至代唱我的部分，所以如果聽《曲中情》的專輯版本，其實歌中沒有我的聲音，後期現場演唱我才可加入，但他們體諒接受。」

有意開辦音樂學校

溫拿與樂迷告別在即，阿 B 有不少計劃，包括開辦音樂學校。

「我覺得自己會做幕後工作，有關娛樂行業的。以前演出時間太密集，沒時間籌劃，將來就可試試新的發展方向。我有興趣開辦音樂學校，設不同課程，自己管理和當校長，也可以做客席導師。」

各人如願　心滿意足

阿 B 認為溫拿各隊員現在的發展都已如願，盼望各人繼續安好，過開心的生活。

「我看着自己的下一代成長就心滿意足了，有空可以約朋友出來夾 band 唱歌，不過純屬私人聚會，不是公開表演那種。我會繼續個人的音樂事業，有人支持，我就會演出。我挺喜歡觀眾人數 7,000 人左右的場地，因為有氣氛之餘也可兼顧製作質素。近十年我亦喜歡自學進修，就算是音樂方面，我都有興趣不斷學習，因為以前靠的是天份，現在可以花時間深入鑽研。」

The Wynners
and
Kenny Bee

彭健新

溫拿樂隊成員中有一對表兄弟，是健仔和阿強。他們年齡相若，從小就玩在一起。

自己人有事一定幫忙

「我們是表兄弟，阿強比我年輕，但輩份比我高，所以我要叫他表叔。阿強很有義氣，有一次我被人欺負，跑去找阿強，他明明在做功課，知道我有事，二話不說合上課本，不問情由就出來幫我，他說自己人有事一定要幫。」

像骷髏頭的哨牙仔

隊員中健仔與阿倫的感情特別好，不過阿倫有一次卻嚇了健仔一跳。

「我每天都睡到很晚才起床，因為凌晨 1 時才下班。有一天睡眼惺忪之際，阿倫突然出現在我面前，嚇得我整個人從床上跳起，還一手推開他。只見他變得很瘦，又哨牙，看着我笑。我驚訝地問他為什麼瘦得像骷髏一樣，原來他在新加坡留學水土不服，變得瘦弱，所以就被迫回港了。」

英文好就能當主唱

溫拿樂隊的前身是包括了阿叻兩兄弟的 The Loosers，而崗位的分配就來自健仔的決定。

「阿強的哥哥最早學結他，那時我們什麼樂器也不懂，覺得別人彈結他很有型，於是我和阿強也學。事實上 The Loosers 的成員全部都彈結他，後來才分配不同位置。陳友是萬能的，什麼也玩，鼓打得不錯，所以就成了鼓手。我就最勤力練結他，其他人顧着玩，我每天練六至七小時，所以主音結他手的位置就落在我身上。我是自學的，選了最難的樂器，因為易學難精，一星期沒練習，自己知；兩星期不練習，台下的觀眾知；三星期不練習，全世界也知。」

The Loosers 的主唱是阿叻和阿倫，原來是基於二人的英語程度。

「阿倫是阿叻的朋友，常來天后找阿叻，加入樂隊後我們才稱

Loosers。阿叻當時負責唱歌，因為全部唱英文歌，而阿倫和阿叻
的英文好，所以讓他們唱，否則阿叻是沒可能做主音的。」

通過試音　駐場 Downtown

The Loosers 在 1969 年贏得「海灘音樂節」冠軍，接着於 1971 年
獲「香港青年音樂節」殿堂特獎，但這組合沒正式出道成為職業樂
隊，部分成員去了日本沖繩美軍基地表演，健仔形容那時大家也有
點失去方向。

「那時阿叻離隊從商，阿強就常拿着汽水在街上流連。我在沖繩回
港後再次組隊，成員包括阿強、陳友、玉石樂隊的成員鄭子固，初
時還有陳百燊，因為我們去灣仔一間名叫 Downtown 的酒吧試音，
那裏要請五人樂隊，一份薪酬五人分，有時阿倫來唱歌，我們又將
自己的收入分給他。後來陳百燊與鄭子固相繼離隊，陳友覺得我們
的音樂不夠豐富，於是介紹了高大英俊又懂吹色士風的阿 B 加入，
就成為溫拿了。」

訪問的同時，其他隊員在試穿拍新專輯宣傳照的服裝。此時陳友突然在健仔旁邊唱起《明日話今天》：「命裏係注定從前／夢境係一片胡言⋯⋯」

阿倫笑說唱歌要賄賂健仔

健仔由 The Loosers 開始就擔起選歌的職責，因為其他人不太理可以選什麼歌，於是他就選每期的十大流行曲，分配給隊員練習。

「我可以說是音樂領班，清楚什麼歌適合溫拿。由於要與其他樂隊競爭，所以我會聽電台留意每期的十大流行曲，也會買唱片，因為那時我已在酒吧工作，收入比其他隊員多。」

健仔掌控歌曲分配權，也熟悉隊員的長處。

「抒情歌我當然會給阿倫，他唱得很好；阿 B 就適合搖滾。由於是我決定的，所以大家不會有衝突，只是阿倫曾笑說，要爭取想唱的歌就要『買通』我，原來他很渴望唱搖滾歌曲，但我沒分給他。」

被批不專業　錯失登上高峰的機會

樂隊在 Downtown 走紅，表現在樂迷間傳開，越來越多人前往捧場，同時有不少人邀請他們試音。然而，健仔一次失誤，令樂隊登上夢想舞台的美夢成了泡影。

「我們獲邀到希爾頓酒店頂樓的 Eagle's Nest 試音，那兒是一個高級場地，也是樂隊夢寐以求的演出地方，大家知道消息極為興奮！

試音前我的結他借了給朋友，取回後沒有檢查，到了酒店拿出來一彈，竟斷線了，又沒帶後備線，於是我就跑去兩條街外的琴行買，再跑回去時，隊員都看着我，因為負責的經理走了，還說我們不專業，當然也沒有聘用我們。最後由阿倫打圓場，對大家說：『去飲茶吧！』然後大家就沒怪責我了。」

在旁試衫的阿倫卻笑說：「我知他很介懷，所以不時會提及這事，但他又確實很不專業，想起當日他的表情真的很好笑！」

令阿 B 拂袖而去的車牌號碼

溫拿的笑料層出不窮，不少發生在錄音室。有一次大家圍着討論歌詞，忽然有人談論車牌號碼，令阿 B 動了肝火。

「有人提到阿 B 的車牌號碼是『534』（粵語諧音『唔生性』），大家跟着取笑他。阿 B 不高興，覺得我們嘲諷他花錢買車，於是轉身離開。我們不知如何是好，怎料他 20 分鐘後自己回來，發完脾氣就當沒事發生，回來錄音。溫拿就是如此，不記仇，這就是兄弟情。」

阿倫探病　感動健仔

溫拿成員中，健仔與阿倫感情尤其深厚。有一件阿倫可能已忘了的往事，令健仔非常感動。

「阿倫喜歡和我一起，因為我古靈精怪。最深印象是大家獨立發展後，有一次我在舉行個人演唱會前病了，進了醫院，演唱會要改期，

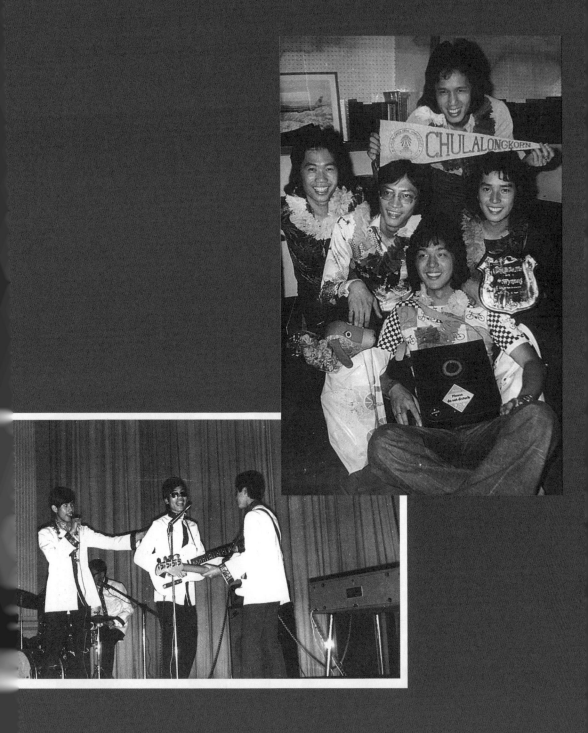

延遲三天。阿倫來探我，說：『喂，你死得未？』我說：『還未，身體尚可。』接着他說：『你的演唱會怎算，過幾天就是了，不如我幫你唱半場。』那刻我感到非常溫暖，現在回憶還會想哭，他真的很有義氣。幸好我可以趕得及康復和演出，不用勞煩他幫忙，但真心感激，這件事是沒其他人知道的。」

謠傳解散　健仔「頂硬上」

過去有傳健仔提出解散溫拿的消息，卻是謠言，健仔說他年紀最大，唯有認是始作俑者。

「隊中我資歷最深，而且是樂隊最初的發起人，就當是我提出吧！按道理不會是阿強，他不說話的；陳友不會理，阿B也不願提；阿倫則很精明，頭腦很清醒，所以人們就推測是我的主意。我沒打算

澄清，但根本不是我提出的。」

阿倫此時在旁說：「上一次我不同意，因為我覺得香港仍有不少人視溫拿為一個精神，有能量上的象徵意義。」

健仔補充說：「無論是音樂還是兄弟情，如果說解散，一定會有人感到失落，洪金寶也公開說過反對。」

阿倫：「所以上次別人問起，我們就叫健仔『頂硬上』，認是始作俑者。」

盼望扶掖後進　傳承經驗

2023 年，溫拿真的宣佈告別樂壇，健仔也有新的計劃。

「告別演唱會後，我當然仍會常跟溫拿成員一起，但演出方面，除非特別性質，否則不會再同台表演了，但我們的友誼是不會變的。」

談到要在告別之際給隊員一句心底話，健仔就簡單精到地說：

「友誼永固，直到永遠！」

The Wynners and Bennett Pang

陳友

陳友是健仔的街坊，在天后電氣道成長，也在該區認識了溫拿前身
The Loosers 各成員。

天后送火水　認識好兄弟

「我舅父在天后開雜貨店，暑假時我會騎單車幫忙送火水。認識
健仔、阿強、阿叻兩兄弟時大約十二、三歲。健仔和阿強家有兩
間洋服店，鄰近舅父的雜貨店，而阿叻就住在健仔家的閣樓，因
此大家常在電氣道 60 至百多號出現，一起打波子和玩公仔紙。
由於自小出入就見到他們，就像是自己的手指，與生俱來般，難
以說第一印象。」

家人反對玩音樂　夜裏離家出走

The Loosers 在音樂比賽勝出，令陳友覺得樂隊有前途，但家人卻
想他往加拿大升學，父子更為此鬧翻。

「父親氣得用飯碗砸我，現在還留有疤痕。我當晚離家出走，去了
灣仔的酒吧，認識了一些同樣流離失所、在酒吧工作的樂手，終於
體會到世界很現實，理想好像很遙遠，但又不想回頭，於是留在那
裏做散工，賺數百元一個月。」

認識阿 B 阿倫　溫拿團隊成形

陳友在酒吧工作時遇到阿 B，因他唱歌的造型留下難忘印象。

「阿 B 在酒吧吹色士風。彈琴的領班有點刻薄，要他扮嬉皮士，每晚戴着一個數年沒洗的長假髮，很臭。阿 B 獨居渣甸坊一間天台鐵皮屋，我覺得他很有趣，因為家中的電飯煲長期不洗，結了厚厚的飯焦，我也不敢在他家吃飯。至於阿倫，是一個很活躍的哨牙仔，唱歌很高音，一來到就唱 *The House of the Rising Sun*。」

The Loosers 解散後，陳友曾往日本沖繩美軍基地演出，賺取美金，可是表演卻與預期有分別。

「所謂的演出原來是上台伴一個歌手唱歌，要穿長衫戴卜帽，過了數月就回港了。健仔那時也離家出走，我們知道灣仔有酒吧請樂手，就去應徵，那兒就是 Downtown。」

樂隊除了陳友、健仔和阿強，還要人彈鍵琴，他們就找來鄭子固，負責 keyboard 和唱歌，又邀請阿 B 加入吹色士風。由於鄭子固常不上班，阿 B 就代他演唱，漸漸還學會了彈琴。後來鄭子固離職，適逢阿倫在新加坡留學不太如意，回港後去了賣文儀用品，晚上到 Downtown 探班，健仔就提議他重返樂隊，最後還當了全職。

龍蛇混雜　險象橫生

據陳友憶述，上世紀 70 年代初灣仔駱克道一帶，像電影《蘇絲黃的世界》的場景，有黃包車、穿長衫的酒吧女、穿黑衫拿木棍的保

安、外國人、妓女和扒手等，而溫拿就是置身其中的樂隊，他們還認識當時在那裏賣口香糖的惠英紅。

「酒吧常常有人打架，經理要出手處理。那時中國人很團結，遇到中國人被外國人打，不認識的也會出手相助。有一次我們工作的酒吧，一個長得胖胖的吧女被外國人羞辱，起了爭執，有人就打起上來。外國人被服務員打了，翌日有計劃地來報復，封了後門，帶了數十個拿着武器的人來，將店裏的職員和經理打至全躺在地上。幸好對方沒攻擊樂隊，我們才沒受傷。」

水兵撤離　酒吧轉型

1975 年，越戰結束。自 1973 年開始，經香港作補給的戰艦大量減少，出沒於灣仔的水兵人數也逐漸下降，嚴重影響酒吧生意。Downtown 幸好有人氣高企的溫拿樂隊，可以轉攻本地市場。

「灣仔的酒吧因美軍撤離，生意很差。經理看到阿倫和阿 B 的外貌英俊，歌又唱得好，於是將我們的海報貼在門外作招徠，吸引本地人，又叫一些警員和駐港英軍來捧場，帶他們的女友來光顧。女客人見有俊男唱歌，一傳十，十傳百，酒吧開始脫離專做美軍水手的生意，變了攻本地市場。」

然而經濟大環境不斷變化，灣仔夜店的生意已不復從前，許多酒吧變了無上裝色情場所，不是溫拿想逗留的地方，所以要另覓出路。那時他們已認識經理人梁柏濤，開始進軍娛樂圈。

「其實在酒吧工作的期間一直有人想跟我們合作，邵逸夫和方逸華

也來看過我們演出，叫我們加入邵氏拍戲，不過因為要簽十年長約，所以沒人理會。」

出埠欠經驗　一手扶起陳秋霞

談到溫拿出道以來的難忘事，陳友說是第一次出埠登台，場面的大混亂是他們始料不及的。

「溫拿第一次出埠是前往吉隆坡，只見機場擠滿了人，原來都是來迎接我們的。很多人要求拍照，我們欠經驗，不懂應付，同行的陳秋霞被推跌，我單手拉她起來，西裝也破了。大家越過人群上了車，關上門，樂迷仍不斷拍打車身。當年出外沒太多保安人員，後來主辦方才派持槍的軍人維持秩序，原來我們主演的《大家樂》在當地上演了，大受歡迎，所以那麼哄動。」

樂隊成員從不吵架　動粗純屬小事

如其他隊員所說，溫拿雖有意見不合的時候，但真的沒吵架，曾被阿強於電影《追趕跑跳碰》拍攝現場打了一拳的陳友更認為那次只是小事。

「拍攝當天太熱，阿強又出熱痱，所以鬧脾氣。我的角色要扮盲，不是有心插他鼻孔的。他覺得被冒犯，打了我，後來也覺得不好意思。最後阿倫做和事老，要阿強請吃飯，他因此也有免費飯吃。」

溫拿所謂的意見不合，都是日常互相捉弄的小情趣，例如爭論晚飯地點，絕不會在大事上意見相左。

「人生最開心是認識了溫拿，那段不知天高地厚的歲月，彼此剛認識，什麼也不懂；到了現在，就是什麼也不理的階段，有一日就過一日，天天都要開心，不必計較。」

港台草地上提解散　造就隊員事業新領域

溫拿樂隊出道 50 周年，宣佈於同年舉行告別演唱會。回想成軍五年的時候曾暫時解散，陳友直言當時明白阿倫阿 B 難以啟齒，於是由他開口提出。

「那天我們去港台接受訪問，中午在草地上聊天。我提出不如在高峰之際暫時解散，大家獨立發展，我、健仔和阿強嘗試別的工作，可能另有一片天地。我沒有事先跟其他人商量，因為大家其實已有同感，阿倫和阿 B 那時很紅，許多人找他們合作。只要我提出，

其他人就會同意。」

接着兩名主唱去了台灣拍電影，又出版個人專輯，事業如日方中。陳友成了酒吧老闆，又從事房地產工作，但感到身心疲累，剛巧有無綫電視的監製邀他加入《歡樂今宵》，就答應了。

「我在無綫學了不少關於製作的事，對幕後工作產生興趣，又喜歡『度橋』，後來加入邵氏，拍了《表錯七日情》，在電影圈闖出了成績。」

時間如廁紙　不敢隨便用

在娛樂圈打滾數十年，陳友形容現階段時間就像廁紙，要慳着用，不可浪費。

「人生來到現階段，需要數算日子，如上廁所用廁紙，看到越來越少，就不敢再『大使』。時間的功能和廁紙一樣，要用得適當。像跟溫拿一起，時間就用得有價值，無論做什麼，都是『很正』的！吃飯、打 band、吵吵鬧鬧、互相嘲笑，都很開心。我們的友情像很醇的酒，是 50 年的茅台，有價值的。日後我會做自己認為有價值的事，以前忙於工作，在內地發展了 20 年，錯過了許多重要的事情，如兒子的童年和成長，所以現在會用時間對親人和好友作補償，行事多從他人的角度設想。」

命運有劇本　語重心長祝福隊友

陳友有宗教信仰，對人生的看法是不再過份掛慮和強求，一切盡力

而為就行。

「溫拿組成 50 年，如《明日話今天》的歌詞：『命裏是注定從前』。
我相信人生的路已有劇本，命運有安排就要配合，一直走下去，這
樣會更開心。」

對於隊中各人，陳友語重心長地逐一分析和祝福，盼望大家健康
快樂。

「阿倫是一個快樂的人，也是『幸運倫』，他的命注定是好的。他

性格樂觀、積極和拚搏，懂得以人為本。上天給他好聲音，又讓他有好性格，成事機會自然高，因此開心快活。我理解他，彼此盡在不言中，但奉勸他注意健康，不要再亂吃東西。」

「健仔年紀最大，但思想很簡單，人生沒太多複雜的遭遇，又有好太太。我看着他拍拖，是一拍即合那種，所有事情都有太太照料管理，他只是彈結他和釣魚。人生能夠這樣很難得，他出海釣魚可能只乘十呎的舢舨，然後遇到一艘 200 呎的豪華遊輪，但他會覺得彼此身處的都是同一個海洋，而且他的船靈活，可以釣到更多魚。他的腦筋最值錢，因為沒怎麼使用，全新的，我希望他繼續如此，不要改變性格和一切，過簡單的生活。」

「阿強自小不說話，來練歌只拿着一瓶汽水。他比健仔更簡單、內向，有好太太和兒子，我希望他繼續現時的生活，不要改變，如果可以多找人聊天就更好。阿強懂得自娛自樂，可以單獨享受生活，日子也覺得充實。許多人在新冠疫情期間因沒法出門旅行而抑鬱，

但阿強不會，隔離他不會當是一回事，因為自出生開始就自我隔離。盼望他繼續這樣生活下去，有空致電給我就好。」

「阿 B 渴望擁有溫馨溫暖的家庭，對世界有如童話般美好的憧憬。他經歷過人生低潮，成功跨越難關，性格成熟了許多，現在又能享受天倫之樂，因此我希望他保重身體，好好見證子女成長，最重要樂觀開心，健康快樂到 90 歲。」

The Wynners and Antony Chan

葉智強

阿強在隊友心目中的形象非常統一：沉默寡言、與世無爭。一個如此內向的人，卻成了華語樂壇殿堂級樂隊的成員，而且與隊友相處融洽，實屬傳奇。

崇拜送火水的「懵仔」

阿強是健仔的表叔，由於年齡相若，自小為伍，如親兄弟般，也同時期在天后認識街坊陳友。

「第一次見陳友，他騎着單車幫家人開的雜貨店送火水。我覺得他像一個讀書很多的『懵仔』，常自我吹噓，說哥哥懂彈結他，十分厲害。後來我們知道他沒說謊，還擁有電結他！我和健仔當時仍在彈木結他，所以覺得陳友很厲害，變了崇拜他，開始一起玩。」

教會活動中認識阿倫

學結他後，阿強與朋友組織樂隊，參與不少業餘的音樂活動，因而認識阿倫。

「我和阿倫在教會辦的派對中認識，因為活動請了不同的樂隊表演，大家就熟絡起來。我主動邀請他一起夾 band，對他的印象是唱歌很高 key，能唱 *The House of the Rising Sun*，很少人可以唱那麼高音的。」

以 The Loosers 名義參賽

阿強、健仔、陳友與阿倫一起夾 band，阿叻兩兄弟隨後加入，並
以 The Loosers 為樂隊名稱參加比賽。

「比賽後工作不多，阿叻兩兄弟去了中東賣衣服，阿倫去了新加坡
求學。阿倫返港後去了洋行工作，我就叫他回隊一起玩音樂。後來
我們的樂隊有人離開，欠一個人彈樂器，而阿 B 懂吹色士風，所
以就加入成為隊友。第一次見阿 B，我覺得他是一名『戇居仔』，
傻傻懵懵的，例如喜歡點貴價但不好吃的菜式，好像很易被騙的那
類人。」

不認自己是悶人

阿強沉靜，但說話坦率，不愛轉彎抹角。他認為自己屬「自我型」，天生性格就是這樣。訪問的時候，坐在附近的阿倫笑說阿強是一種電器——「悶氣爐」（粵語諧音「煤氣爐」），阿強卻不同意。

「我覺得自己不悶，因為我有自己喜歡做的事，有自己的世界。我喜歡修整 amplifier（擴音機），愛研究音響系統，可以喜歡到去上課學習。年輕時覺得擴音機很貴，就自學裝嵌，又報讀電專課程，其他人也知我有這類興趣。」

獨立自我　寄情維修

阿強早年移民澳洲，以便兒子在彼邦升學。他不嫌澳洲生活清靜簡單，活得自在。

「兒時讀寄宿學校，養成獨立自我的性格，懂得照顧自己。我曾經轉行做酒吧和酒樓的管理，也讀過有關管理專業的課程。移居澳洲後，所有電器和剪草機也自行修理，我自學的，不懂就問人。我的嗜好是將壞了的東西弄好，什麼也嘗試維修，有時甚至會改裝。我在那裏生活也可以，見不到隊友，沒有演出，我就自己玩音樂，看網上視頻然後嘗試彈奏。與外國人一起玩音樂覺得不太合拍，因為他們有自己的風格。」

常被捉弄卻信任隊友

阿強多次成為被隊友戲弄的對象，大家卻只是貪玩，最厲害一次是

在他肚皮上「放火蚊」（將燒焦的火柴頭黏在他肚上，然後點燃）。

「我當然有少許生氣，因為有點痛，但不會放在心上，第二天又一起去飲早茶。我們一起其實很開心，因為隊友都很照顧我。如果隊友間對事情有不同看法，會一起商量，看誰的意見最好。他們不會欺負我的，雖然常作弄我。」

對於隊友常提及到汶萊登台時，阿強曾有機會成為當地駙馬，他並不承認。

「他們說汶萊公主喜歡我，是胡扯的。我不覺得有樂迷會為我瘋狂，多數人只追着兩名主唱，我不會比較，也不介意，最重要大家開心。」

隊友見證成長　因樂隊而圓夢

阿強是 The Loosers 的創始成員，一直到溫拿，他認為隊員見證了彼此的成長，也因這組合而實現了他的音樂夢。

「年輕時本來沒意識組樂隊，只是大家高興一起玩，思想很簡單，目的不是賺錢，是為興趣。我沒想過以樂隊成員為職業，父母也一直反對，上一代不喜歡子女做音樂人。後來發覺真的能賺取薪酬，爸爸也看化了，就由得我去做自己喜歡的事。」

回歸平淡　享受人生

對於樂隊的告別演出在即，阿強認為沒必要強調告別和解散，因為

他們等於兄弟，感情比家人更好，所以是不會分開，只要隊員高興，隨時可以私下聚在一起夾 band。

「只要大家仍有興趣，只要喜歡，十年後我們也可再玩，有能力聚在一起就行。完成演出後，我會回澳洲過平淡生活，可以釣魚、打桌球，其實足球和網球也是我喜歡的運動。有時我會行山遠足，因為我家附近就有適合遠足的地方。閒時去看看樹熊睡覺，很有趣的。以前我家門前還有袋鼠出現，牠們來吃草，於是被隊友們笑我養袋鼠。」

阿強祝願溫拿各人健健康康，可以享受人生，不要再拚命賺錢。

「享受人生不代表要奢華，就算去海灘欣賞風景也很開心，澳洲的海灘很美。有時我去釣魚，即使沒有收穫也沒所謂，只需要享受過程。如果我回香港，健仔一定知道，他會通知各人，然後約出來吃飯敍舊的。」

The Wynners and Danny Yip

Chapter 2
Farewell with Love
專輯製作故事

專輯概念 |

Farewell with Love 有六首新作,由 2019 年開始構思,直至 2023 年出版,由籌備至面世,歷時三年多。創作前溫拿樂隊已有舉行告別演出的計劃,亦視這專輯為告別作,因此歌曲集中反映溫拿成員組團 50 載的感受,也着力表現他們對「情」的重視,更期望藉音樂答謝樂迷多年的愛戴與支持,讓溫拿樂隊得以在全球華語樂壇發光發熱。

《由始至今》

曲：鍾鎮濤、譚詠麟

詞：譚詠麟

A1　數十年　原來眨眼就過

　　能共一起算是緣份

　　夢幻般一生付出努力

　　收穫也算不錯

　　深知道凡事會有終結

　　各散東西日子已列

　　明白分開一刻未想告別

　　燈火似未熄滅

B　　憑著愛　有愛　在你我心中

　　憑自信　我哋創出溫拿時空

　　憑合作　歲月編出美夢

　　I believe love is in our heart

　　love　love　love

　　love　love　love·

A2　往日情　同渡風雨幻變

　　就算分開也願常在線

　　人是生於斯　目光笑面

　　只望永遠可見

　　可知道　筵席總有終結

　　回味細數甚多片段

　　情願瀟灑揮手用歌送別

　　他朝偶遇重見

B　　憑著愛　有愛　伴你我心中

　　憑自信　我哋創出溫拿時空

　　憑合作　歲月編出美夢

　　We believe love is in our heart

C　　從狂想曲至今　歡笑聲音在遠近

　　從 *Sha La La* 至今　給我掌聲在心中

　　從追趕跑跳中　有你知音共輕鬆

　　千載不變中　雖分開　有日再見

　　La　La　La

《由始至今》是溫拿新專輯第一主打,也是全碟第一首製作的歌曲,更是由溫拿成員身兼作曲、填詞和主唱的作品,名正言順表達他們由組隊至今的思想感情,並抒發他們對朋友、事業與樂壇的真摯情懷。

據 B 哥哥憶述,他先寫了這首歌的部分旋律,然後交給譚校長聽,可是大家都認為旋律不足以表現所有構思,於是決定加上 C 段。創作地點在 B 哥哥的家,他倆一人負責寫一段旋律,然後互相給予修改建議,最後由譚校長填上歌詞。譚校長不忘強調,製成品是來自溫拿的,他們是一個整體。

貴為首支主打歌,《由始至今》對新專輯有提綱挈領的作用,不單清晰直接,也坦率親切地告訴樂迷溫拿由出道至正式宣佈告別的心情。

溫拿隊員的相識是緣份,得到歌迷愛戴也是他們命裏的福氣。歌中多處可見溫拿成員為此而感恩,卻深知「凡事總有終結」,縱然分開難免不捨,但「情願瀟瀟揮手用歌送別」,以歡樂的氣氛作結,體現了溫拿樂觀的處世心境。

B 段的歌詞強調「愛」,這是溫拿樂隊所重視的,因為他們愛音樂,也希望透過作品讓聽眾感到溫暖。值得留意的是這段點出了溫拿成功的三個要素:愛、自信與合作。團結是樂隊關係得以長久維繫的重要原因,因為追夢的心可能許多樂隊也有,但能夠像溫拿般有超過 50 年的友誼,而且從不因工作而爭執,那就極為罕見。

A2 的內容是帶聽眾一起走進回憶,回顧大家人生中的高低起跌。歌詞中強調「生於斯」,反映了五名於香港土生土長的隊員,對成長地方的重視與感情。如 B 段所指,

溫拿重愛重情，即使天下無不散之筵席，情懷也是不變，只望瀟灑道別，讓樂迷留下美好的印象。

C 段出現了許多有關溫拿往事的字眼，包括「狂想曲」、「Sha La La」、「追趕跑跳」和「千載不變」，源自他們歌、影、視作品的名字，處處喚起動人的回憶。事實上，多線發展，並在不同範疇也具代表作，亦是溫拿樂隊在娛樂界享負盛名的原因。

總括而言，這首歌是溫拿五虎給樂迷的肺腑之言，也是他們於宣佈告別時送給支持者的禮物，因此譚校長曾說：「《由始至今》，只有溫拿可以寫、適合寫」。

《五個黑髮的少年》

曲：譚詠麟、鍾鎮濤
詞：簡嘉明

A1　西裝襯色又變作型男

　　跨過世代更璀璨

　　就算分散去打拚

　　時光有限

　　染的黑髮似在說

　　情從未變淡

B　際遇各異各在世間　身翻了數番

　　（一路上　撞過板）

　　約定再聚哪懼要驚　年歲的沖刷

　　（拚勁沒放慢）

　　髮漸變白各自染黑　從後遮蓋不覺荒誕

　　（就似金曲　仍迴盪不散）

　　心不老　俗世驚嘆

C1　來珍惜相聚

　　時日雲眼白駒

　　當經過　留下白髮別追

　　但求染染算數

　　姿態輕鬆不顧慮

　　一唱歌　喚回情味樂趣

　　傳奇天生一隊

　　無懼世態盛衰

　　　因依靠　情義互信自居

　　　但求說說笑笑

　　　真髮假髮中暢聚

　　　相處間　仍像當年有趣

A2　知己細水命裏要長流

　　　不怕歲月會生鏽

　　　渡過幽暗看風光

　　　如今接受

　　　髮色一再退又染

　　　情從未變舊

B　際遇各異各在世間　身翻了數番

　　　（一路上　撞過板）

　　　約定再聚哪懼要驚　年歲的沖刷

　　　（拚勁沒放慢）

　　　髮漸變白各自染黑　從後遮蓋不覺荒誕

　　　（就似金曲　仍迴盪不散）

　　　心不老　俗世驚嘆

C1　來珍惜相聚

　　　時日雲眼白駒

　　　當經過　留下白髮別追

但求染染算數

姿態輕鬆不顧慮

一唱歌　喚回情味樂趣

傳奇天生一隊

無懼世態盛衰

因依靠　情義互信自居

但求說說笑笑

真髮假髮中暢聚

相處間　仍像當年有趣

C2　傳奇天生一隊

無懼世態盛衰

因依靠　情義互信自居

但求說說笑笑

真髮假髮中暢聚

相處間　仍像當年有趣

可貴於　還是一同進退

track 02

溫拿決定製作新專輯不久，譚校長就跟我商量新歌的構思。除了他與 B 哥哥共同創作的《由始至今》，其他的新曲歌詞都交由我撰寫，那是莫大的榮幸，也是難能可貴的機會，一如既往，誓必傾全力完成任務，而《五個黑髮的少年》就是我為這專輯第一首交出的作品。

《五個黑髮的少年》其實有兩個版本。旋律是譚校長與 B 哥哥於 2019 年寫成的，他們交給我填詞，內容要求與最後面世的《五個黑髮的少年》有極大分別。第一版的主題關於對困難及挫折的看法，整體調子沉重，着力表現人在風雨中堅強不屈的鬥志。時也命也，歌亦有歌的運數，那份詞沒有灌錄，也不打算公開。

2020 年底，譚校長與 B 哥哥找了杜自持為旋律重新編曲，整體感覺變得輕快愉悅，那

就是現今的版本，歌詞仍交由我負責。

與譚校長就歌詞構思交換意見的時候，已是 2021 年 1 月 4 日。由於我們都會於夜深人靜時處理工作，所以在當天凌晨 0 時 50 分通了電話。譚校長希望我據以下的想法思考歌詞的方向：

「我想說五個性格不同的朋友，同樣保持初心，感情數十年不變，那是有可能發生的事，溫拿亦有能力將不可能變成可能。」

言談間，我們聊到頭髮，譚校長得意地說：

「我們溫拿五人仍有頭髮，還未禿頭，雖然現在要染髮，但不需戴假髮。」

由於髮量是溫拿自豪的特點，於是我建議用頭髮為主線，以黑髮比喻無愁無慮的青春歲月。人們隨着投身社會，為事業打拚，漸漸白髮叢生，但溫拿卻有積極樂觀的心態，所以並不介意，染髮就行。譚校長贊成，於是我就下筆開工了。

譚校長開始聊頭髮的話題時，我已不期然想起與髮色有關的文學名句，包括以前當中學教師時教過的課文——李白《將進酒》中的：

「君不見黃河之水天上來，奔流到海不復回；君不見高堂明鏡悲白髮，朝如青絲暮成雪。」

那是既具體又深刻地藉白髮表現作者對時間流逝與青春不再的慨嘆，但名句雖好，我卻覺得它「很不溫拿」，因為那五名長不大的男人，即使同意「人生得意雖盡歡」，但對歲月匆匆不會有如李白般的哀愁，所以我決定歌詞要跟《將進酒》的情懷走向相反，歌曲要徹底的開心，更要五虎以活潑鬼馬的語氣，生動正面地表達對年齡的看法。

A1 開宗明義寫溫拿的心態。由於他們是跨世代的著名樂隊，有明星風範，平日的衣着雖然偏向休閒，但可以想像只要他們換上禮服或西裝，就能瞬間吸引全場目光。也許上天早有計劃，2023 年他們拍攝專輯及演唱會宣傳照時，真的全員穿上西裝，非常巧合。成團 50 載，他們曾獨立發展，卻在有限的時光中多次重聚演出，故此「染的黑髮正在說／情從未變淡」一句，我將髮色與溫拿的友情作對比，以頭髮會隨歲月變白，凸顯五虎濃情不會變淡的可貴。

B 段的旋律特色是分了二部，因此用字不想太複雜，但安排了「就似金曲／仍迴盪不散」呼應疊聲的部分。這裏以輕快的旋律與輕鬆的口吻道出人生縱有起跌、際遇不同，但對重聚的意志堅決，亦無懼時間流逝，「心不老／俗世驚歎」就是全曲的重點句，揭示主旨。「從後遮蓋」四字是譚校長的構思，他指有些人面對脫髮煩惱，會留長腦後的頭髮覆蓋前額，令自己看來年輕一點，那是人之常情，心態可以理解，並提議我將這現象寫在歌中。幸運地我在 B 段找到符合字音的位置，填了上述句子，成功配合譚校長的要求。

副歌 C1 及 C2 蘊含哲理，但氣氛和情緒依然輕鬆灑脫，貫徹溫拿成員的處世之道，加上無論客觀環境如何，他們的感情也不會不變，而音樂就是他們溝通與保持心境開朗的最佳方法。「來珍惜相聚／時日零眼白駒」用了典故，源於戰國時代《莊子·知北遊》中「人生天地之間，若白駒之過隙，忽然而已」，意思是人生在世，像白色的駿馬跑過

細小狹窄的縫隙，道出時光稍縱即逝的道理，不論如何強留，也只可捉到指間的白髮，因此歌詞有「留下白髮別追」的結論。譚校長說錄音的時候，曾有意見要換掉「白駒」兩字，但因為我們合作多年，他深知我遣詞用字定有深思，所以堅持保留。

A2 以知己情誼應求細水長流的想法切入，將「知己」和「歲月」的反差互作對比，帶出隊員自小相識，如今大家已變得成熟的實況。溫拿五虎到了現階段，均懂得不要執着外在的事物，但求豁達自適，珍惜與好友共聚的機會，即使頭髮褪色，大不了染染就算，無需介懷。正如 C2 以「可貴於／還是一同進退」作總結，強調大家無論身在何方，頭上頂着的是那種髮色，只要大家進退與共、心意相通，就永遠是五個友誼長存的黑髮少年。

《兄弟》

曲：譚詠麟
詞：簡嘉明

A1　共醉跌坐角落找到　珍貴相片冊

　　然後摯友決定翻看　趁齊集

　　逐頁揭揭帶動憶記　思緒複雜

　　微時中相識　經過的一切　收錄相冊

B　晨光下　共吃喝恣意狂想

　　玩笑合唱最擅長

　　長街上　為去向細說惆悵

　　搭膊合照看夕陽

A2　舊照拍下各地演唱　聲勢的誇張

　　台上節奏協和聲線　最嘹亮

　　事實說過各自打拚　千里一樣

　　曾無法相見　高處覺憂傷　這是真相

C1　如兄弟

　　沒計較慣了一齊　落泊狀況再別提

　　如兄弟

　　沒碰見過去白費　熱血默契都珍貴

A2　舊照拍下各地演唱　聲勢的誇張

　　台上節奏協和聲線　最嘹亮

　　事實說過各自打拚　千里一樣

　　曾無法相見　高處覺憂傷　這是真相

C1　如兄弟

　　沒計較慣了一齊　落泊狀況再別提

　　如兄弟

　　沒碰見過去白費　熱血默契都珍貴

C2　如兄弟

　　就偶爾回來伴我坐　聚散沒法說為何

　　如兄弟

　　舊照已看到沒錯　用這力證不枉過

D　好兄弟　係一世

真正的兄弟情，即使沒有血脈關連，也可以一生一世。

新歌當然少不了濃濃的「兄弟情」，因此我必須先了解樂隊五人的交情，也需要上網瀏覽有關他們的視頻，電影《大家樂》是我進入溫拿共同回憶的門檻。電影中的他們如不同年代喜愛音樂和想組樂隊的年輕人一樣，既要承受學業或初出茅廬的壓力，也擔心家人反對，相信那亦是上世紀 70 年代「溫拿五虎」於現實中要面對的困難。

歌曲的小樣（Demo）予人溫暖的感覺，感性、快樂又窩心。下筆前，我以電影《大家樂》切入話題，像要窺探名人秘密的歌迷，問譚校長《大家樂》中的五虎與實際的他們，誰更好玩與搗蛋。當人們以為電影中的五個角色已像「馬騮仔」般活潑百厭，熒幕下的他們可說有過之而無不及，甚至教我驚訝得不懂如何反應。由於溫拿成員上世紀 60 年代均居於天后至北角一帶，因此「維多利亞公園」必定是他們聚會的地方之一。果然，校長告訴我，他跟健哥昔日常常在維園出沒，甚至為了貪玩而作弄別人，例如捉些老鼠再躲進男廁，趁有人使用廁所時將老鼠放出來，嚇得陌生人不顧一切往外跑，甚至顧不了是否已穿好褲子！此外，維園門外總有數輛售賣汽水和冰淇淋的鐵皮流動小販車，溫拿成員不時光顧，所以與小販阿伯十分熟絡，熟悉程度甚至當過「臨演父子」！話說譚校長有一回在學校表現不佳，老師下令要「見家長」，校長竟然想到找小販伯伯冒充其父親，而伯伯又答應幫忙，二人更成功瞞天過海！這往事真夠瘋狂，年少無知的做法當然不值鼓勵，但真的能反映年輕的溫拿成員古靈精怪、淘氣非常，還望校長原諒我將他頑皮的一面公開。年輕的腦袋總有不少奇思妙想，其實只要用得其所，自然能透過正確的渠道發光發熱，正如溫拿五虎，合力將他們的熱誠和創意傾注演藝事業之中，終成一代巨星。

憶述往事之後，校長叫我聽聽英國創作歌手 Ed Sheeran（艾德華‧基斯杜化‧舒蘭）

的歌曲 *Photograph*，那是校長很喜歡的歌曲，他說有一陣子每天不斷聽這首歌，深受感動。故此，校長建議我也反覆聽聽，或許能給我啟發和創作靈感，所以《兄弟》的內容，是由溫拿發現一本舊照片冊開始的⋯⋯

歌詞的首段，是幻想樂隊五人完成了演唱會，參加慶功宴後帶點微醺，返回酒店房間續攤的情境。身邊沒有工作人員，只有他們五人，自然可以無拘無束地享受輕鬆的時光。突然，某人看到一本照片冊，可能是樂迷的禮物，裏面盡是他們的舊照片，於是趁着齊集之際，一起重溫昔日的畫面，百般滋味在心頭。

揭開歌曲的序幕後，我讓溫拿走進青春的回憶，也就是他們識於微時的情況。故此 B 段的歌詞，如上文所述，正是銅鑼灣與天后間的維多利亞公園。成名前的溫拿，如當時對未來滿懷希望的青少年一樣，樸素無華，對前景充滿希冀，而歌詞也配合他們的心態，直白、簡單，沒有太多的修飾。不論在清晨的日光與黃昏的公園涼亭下，他們都可坦率地玩樂談笑或合唱拍照，更珍貴的，是可以訴說每人對將來的幻想與迷惘，然後彼此鼓勵、互相支持。

錄音前，譚校長一再向監製及隊員強調，這首歌最重要是情緒的掌握，要「講 feel」，因此聽眾不妨着力欣賞歌者每字每句情緒的變換，也別錯過 B 段後的口哨聲，那是譚校長親自演繹的。樂迷不妨想像當年在夕照中，溫拿五人邊吹着口哨，邊打鬧嬉笑，踏着年輕爽朗的步伐，一起離開維園的情境。

溫拿走紅得很快，翻閱照片冊的時候，自然會看到上世紀他們在香港及東南亞各地登台的記錄和報道。那是全球流行樂隊的盛世，溫拿亦在那年代享受過萬人空巷，在各地被

歌迷簇擁的高光時刻，也感受過台上台下大合唱的震撼，那亦是我在 A2 段落的細節安排。然而，天下無不散的筵席，溫拿也一樣有分道揚鑣的一天，A2 的後半段滲出的離愁，就是源於譚詠麟與鍾鎮濤各自在演藝圈獨立發展之後，縱然溫拿五虎不介意分開，各人往後也有滿意的發展，但無論如何成功，也會高處不勝寒。此外，人生亦總有身處低潮的日子，自會懷念隊友相伴，有人同樂分憂的過去，那就是人生散聚過程的真相。

C1 及 C2 兩段，我視為歌曲最重要的部分。我以「如兄弟」作為全曲的主軸，讓溫拿五虎以激昂的歌聲唱出比親手足更深的交情，C1 的熱血、齊心、默契、沒有計較，他們唱出了真摯的情感，感激在人生中有彼此的出現，而且經歷了悠長的 50 載。至於C2，是眾人感恩後的悲從中來。填詞時，我禁不住想，當樂隊正式告別樂壇，他們會如何面對轉變？他們的生活會有什麼變化？慣了熱鬧的五人會寂寞嗎？於是我假設自己也如他們身經百戰，想像在人生黃昏的旅途中，對友情還會有什麼期望。以他們的智慧與歷練，看盡繁華璀璨，千帆過盡，也許所求不多，就如歌詞所寫，能夠偶爾聚首，或在強哥從澳洲回港的時候於某人的家裏坐坐，聊聊近況，就心滿意足。

C2 的最後以舊照片見證和強調溫拿的情誼，有兄弟若此，自然不枉此生，也在內容上作首尾呼應，以揭開照片冊開始，經過聚散的層層深入，在情景烘托下，渲染氣氛，讓五人抒發對友情的感悟，在合上照片冊的一刻，反映出哥兒們肝膽相照與不離不棄的真情。

原來的歌詞並沒有 D 段「好兄弟／係一世」這句，那是錄音當天溫拿即席加進去的。譚校長致電問我意見，說想讓兄弟們在歌曲終結前盡情呼喊，我也非常同意。想不到他們的神來之筆，效果極佳，不單有歌者發自內心的慷慨激昂，也有令聽者動容的裊裊餘音。

《狂 Loop 的新歌》

曲：譚詠麟、鍾鎮濤
詞：簡嘉明

A1　忘情歡呼　　要困厄遠離

　　祈求天天　　分甘同味

　　浮沉高低　　都總有道理

　　永不應洩氣

A2　年年青春　　放鬆不皺眉

　　忘形高歌　　不管場地

　　仍然念記着　　一早約定你

　　永不應放棄

B1　狂 loop 的新歌　　沒分對或錯

　　同走出低谷　　再別要蹉跎

　　危機已過　　路會漸多　　開心更多

　　狂 loop 的新歌　　暴風已掠過

　　付出的真心　　哪懼怕消磨

　　如今你最在意什麼　　想我麼

C　　世間一切難以預期　　愛哪管距離

　　經歷過危難亦沒捨棄　　未會怕風霜痛悲

　　新的歌曲勾起你的好奇　　掀起了憶記

　　送上了期望你未來　　困惱與煩悶也值細味

B2　狂 loop 的新歌　　沒分對或錯

　　同走出低谷　　再別要蹉跎

　　危機已過　　路會漸多　　開心更多

　　狂 loop 的新歌　　樂觀更易過

　　夢想的繽紛　　我伴你張羅

　　重新振作　　願意付出　　開花結果

《狂 Loop 的新歌》是一首充滿歡樂氣氛的作品，錄音的時候，監製 Johnny Yim 就曾對溫拿的成員說：「唱這首歌就像開派對一樣。」

寫這首歌時，由於已知溫拿有舉行演唱會的打算，可是正值新冠疫情全球肆虐之際，所以還未能定下確實日期。故此，溫拿希望製作一首快歌，讓人聽後有看到雨後陽光的感覺，讓聽眾在社會氣氛低迷的日子，可以藉音樂得到正能量，更盼望歌曲推出的時候，疫情遠離，大家可以重新出發。歌中「困厄」、「低谷」、「危機」和「暴風」，其實都是指新冠疫情為社會、經濟和全人類健康帶來的威脅，只要疫症遠離，世界就可以復常，也可以舉行演唱會。

溫拿的快歌除了為人帶來歡樂，更重要是包含濃厚的人情味。我在 A1 用了「分甘同味」四字，是比較舊式的說法，因為溫拿在 70 年代組成與當紅，那時代的人會無私地相助，所以這詞語其實是向上一代香港社會無分你我、互相關照和同舟共濟的「獅子山精神」致敬，也是溫拿跨越時代仍堅持至今的情懷。

溫拿的成功之道，在於所有隊員都有童真與童心，無論什麼時候都盡力讓人感到快樂、積極和溫暖。他們總能投入生活，珍惜人生不同階段的時光，正如譚校長的名言：「年年廿五歲」，故此 A2 的「年年青春／放鬆不皺眉」反映的，就是溫拿五虎的人生觀。

疫情期間，一切聚會都要停止，溫拿樂隊每五年重聚舉行演唱會的承諾也無法實行，歌迷引頸盼待，卻彷彿遙遙無期。B1 是向歌迷所派的「定心丸」，讓大家知道溫拿仍記得演唱會的約定，無論如何也會念記承諾，再於不同場地高歌演出。其中譚校長最喜歡「如今你最在意什麼／想我麼」這句，因為喜歡表演的他也想念舞台和歌迷，希望他們

也不會忘記溫拿。

B2 是整首歌的總結，也是溫拿所有隊員對聽眾的祝願。疫情過後，即使百廢待興，大家的心態與生活都有不少變化，但不變的是只要歌迷願意，仍然可以透過溫拿的歌聲得到正能量，無懼挑戰，實現夢想，如歌詞的最後一句：「重新振作／願意付出／開花結果」。

《小青柑》

曲：鍾鎮濤
詞：簡嘉明

A1　太多掛慮　不會親自說

　　就怕講　也不會明瞭

　　其實　父母如在泡茶

　　茶葉用最佳　期望仔女都會乖

　　還盼你愉快　路縱崎嶇　不會歪

A2　貼心細望　一切的狀況

　　願每刻　給你護航

　　遙遙路上　伴你細飲細看

B　我將小青柑泡開　茶香撲鼻

　　我知一天你將　天際高飛

C1　杯中清新芬芳似你　滿足微笑

　　多番叮嚀緊張因你　何其重要

　　回甘也是甜　又再斟　一生都不怨

　　就算心意必須要猜　成長中關注不變

C2　小青柑不息杯中轉　有我的預算

　　不休悉心加添沖泡　從來沒變

　　濃淡全程奉獻　咫尺關顧不怕倦

　　想你笑臉如茶熱暖

　　這個世上　因你都熱暖

　　只有我在　一世一生　愛你都不變

《小青柑》是我和 B 哥哥首次合作的歌曲。收到旋律的小樣後，B 哥哥告訴我他作這首歌的構思：透過音樂表達他對子女的愛護與關懷。身為父親的他，時刻擔心子女不懂照顧自己，並希望盡力讓下一代在安全的環境中成長，學習獨立。B 哥哥心裏有許多話想跟子女傾訴，但如許多父親一樣，隨着孩子日漸成長，很多事情不方便開口細說，也不想變得長氣囉唆，於是希望透過音樂訴說為人家長的心情。

填詞要感動聽眾，先要感動歌者。為了打動 B 哥哥，我不停思考有什麼方法寫父愛可以引起他的共鳴，於是以「小青柑」為題。話說我跟 B 哥哥第一次見面，是出席譚校長邀約的午餐飯局。那個飯局人數不多，都是工作的夥伴。B 哥哥來到後，先向各人送上禮物，是他自家出品的茶葉。紅色鐵罐包裝上是一個女孩可愛的卡通自畫像（應出自他女兒的手筆），下面寫着「小青柑」。B 哥哥喜愛泡茶，祖籍新會，而小青柑普洱茶就是那裏的名物。由於我也是新會人，因此對那份禮物留下了深刻的印象。

基於上述原因，《小青柑》全曲以泡茶比喻父愛，B 哥哥收到歌詞時表現非常驚喜。A1 是 B 哥哥的心聲，揭示家長常常為子女擔憂，卻難以啟齒，於是以泡茶為題透露所思所感。泡茶講求「水滾茶靚」，如父母希望將最好的留給子女，所以有「茶葉用最佳」一句，目的不外乎想子女順利成長，不要誤入歧途。

接下來的內容都均以泡茶的每一個過程暗喻父親對子女的無微不至，「貼心細望／一切的狀況」、「小青柑不息杯中轉／有我的預算」、「不休悉心加添沖泡／從來沒變」，都在描述泡茶時需要留意溫度和浸泡的時間，也必須有耐性，像照顧子女一樣，不能馬虎。

B1 寫茶葉泡開,以飄升的茶香形象化地形容子女成長,繚繞的水蒸氣如同下一代總有天自立,離開父母的蔭庇,而 B 哥哥就說:「每次唱到這段,我都會鼻頭一酸,熱淚盈眶。」

B 哥哥有三名可人的女兒,故此我在副歌以清新芬芳的茶香代表少女的容顏。少女心事不易明白,無論父親是否完全察看,也會如歌詞所言:「就算心意必須要猜/成長中關注不變」。然而,培育子女很不容易,緊張與叮嚀是少不免的,如泡茶需要心機時間;但不論多費心神,在父母的心目中也是值得,像喝茶般口感帶甘,但「回甘也是甜」,還會一斟再斟,「濃淡全程奉獻/咫尺關顧不怕倦」,所指的是不論如何辛勞,父母亦無怨無悔,樂在其中。

此外,我在歌詞中安排了一些溫情的意境,以表現父親的柔情,包括「遙遙路上/伴你細飲細看」和「只有我在/一世一生/愛你都不變」,那是為人父者心底的說話,一切心思,無非盼望下一代的「笑臉如茶熱暖」。事實上,泡茶要用溫熱的茶壺,才能令茶葉散發香氣和滲出味道,如父母先讓子女感到溫暖,那他們的世界才會如歌中所言因子女而感熱暖。聽眾不妨留意歌者演唱前的編曲部分,因 B 哥哥曾向 Johnny Yim 建議於歌曲的開首加入隱約的音效,於是我們商量後決定錄下用手機打信息的按鍵聲,而那些輕微的按鍵聲其實如密碼般有實質的內容,打的信息是「Daddy will pick U up at school」,可謂隱藏在編曲中的小巧思。

這是一首歌頌親情的流行曲,卻以帶有中國文化特色的題材為表現媒介,加上音樂有容易打動聽眾的力量,如能藉此推廣泡茶藝術,那就更相得益彰,實現了我盼望藉流行音樂推廣我國文化的心意了。

《身邊還有你》

曲：彭健新
詞：簡嘉明

A1　天生姿態率真　說得率性不覺笨

上善沒被怨恨　過得收斂安份

卻要在錯配嘲諷中棲身

存活像負累和責任　太不甘心

似帶笑但暗中傷心遺憾

路上獨剩你在　與我一生遠行

B1　不該脆弱的哭訴　天色灰暗那麼糟

深知氣力須消耗　衝出黑暗的世道

急風雨夜迷霧　忠於信念再登高

不怕逆流　得你說　願來帶路

A2　天生相信真心　卻遭蓄意的背叛

活在順逆際遇　鬥心不作交換

看透是不多真正的知音

仍願默默地來作伴　碰杯當歌

說振作未怕覺空虛沉悶

寂寞路　剩你在　接應高聲叫喚

B1　不該脆弱的哭訴　天色灰暗那麼糟

深知氣力須消耗　衝出黑暗的世道

急風雨夜迷霧　忠於信念再登高

不怕逆流　得你說　願來帶路

B2　拋開世俗的圈套　不甘方寸領風騷

心聲遠近都聽到　清晰方向跟態度

蒼天正在狂號　身邊你願作宣告

失意飄泊不放棄

願來帶路　願來帶路　願來帶路

沒求退路　不求退路

《身邊還有你》是健哥寫的。收到小樣的時候,由於我與他還未相熟,所以要先上網聽他過去的作品,包括《二等良民》、《可愛的笑容》、《陽光大減價》等,以了解他的曲風。他給我的感覺是樂天、自然、率真,是一個有音樂才華但貼地親切的歌手。

這首歌填詞之前,先由譚校長跟我聯絡。他形容的健哥與我的看法相近,同樣是簡單率直、沒有機心,而且熱愛大自然。由於健哥在別人心目中的形象就如溫拿隊員的交情般千載不變,所以我決定《身邊還有你》要貫徹他的性格特色,寫一個與世無爭的人如何在逆流中堅守志向與奮力向前。

討論過程中,我和譚校長不期然因《身邊還有你》的旋律風格,想起了一首我們都挺喜歡的 90 年代流行曲——王傑的《是否我真的一無所有》。然而為健哥寫的歌詞,我們不想有懷疑人生的語調,相反要着力帶出「無論何時何地,身邊仍有好友支持你」的積極想法。

我在 A1 塑造了歌者的形象:善良、率性、不想成為別人的負累。可是人生總有低潮,這類人於情緒低落時為免身邊人擔心,大都會選擇「似帶笑但暗中傷心遺憾」的方法作回應。

B 段開始出現溫拿隊友的和音,藉此表現兄弟同心,即使天色晦暗、世道難行、氣力難支,也會有好朋友出手相助,有力地承諾「願來帶路」。這類真朋友為數可能不多,但知己重質不重量,只要有人真心地協助,在艱難時出手相扶,就能「忠於信念再登高」,更「不怕逆流」。

人生順逆不定，身邊的友伴來去匆匆，既有知己，亦無可避免有離棄、背叛，甚至出賣自己的人。情況就如溫拿成團 50 載，有些歌迷可能不再留意他們的作品、不再關心他們的動向、不再視他們為偶像，但仍有許多忠心的支持者為他們打氣，這類歌迷是溫拿前進的動力，他們衷心感激，也以新作回敬。A2 整段是溫拿出道 50 周年給樂迷的話，感謝他們在 50 年的演藝路途上不離不棄，「高聲叫喚」、「默默作伴」，還一起「碰杯當歌」，讓他們知道自己並非孤軍作戰，也不怕寂寞。

副歌 B1 和 B2 充滿正能量，表現健哥與溫拿的成員互相扶持、福禍與共，還擁有忠誠的歌迷，所以不論有多少障礙挫折，客觀環境給他們多少打擊，他們的意志依然堅決，自知「不該脆弱的哭訴」、「失意飄泊不放棄」，更以肯定的語氣唱出「心聲遠近都聽到」，表示明白歌迷對他們的惦念，他們不會因困難而甘心留於方寸之地，人生還可以繼續精彩，志向從不動搖。

2020 年 3 月 15 日，健哥在 Avon Studio 錄音，我前往探班，他告訴我歌詞符合他的風格，也反映出他的心聲。健哥滿意，我就放心了。事實上健哥的心聲同樣是溫拿的心聲，因為他們都憑着不屈不撓的鬥志，以熱誠真心相待，才可並肩跨越銀河 50 載。

Chapter 3
溫拿
工作實錄

「同心做事情,齊心就事成。」

這是溫拿樂隊經典金曲《齊心就事成》的歌詞。藝人幕前的工作多姿多采,鎂光燈下盡情散發耀眼自信的光芒,然而人前的每一秒,背後都需要周詳又精心的策劃和考慮。

樂迷無論怎樣留意偶像的動向,也沒法看到所有會議、排練和熒幕以外的實況,為了讓讀者對溫拿的工作有更全面和深入的了解,筆者特別選了五個跟告別專輯《由始至今》相關的工作場合,跟着溫拿及幕後人員,實地記錄每次的過程,藉此公開娛樂製作的精彩場面、溫拿五虎最真實的一面及源源不絕的趣事,讓讀者既看到台前幕後努力、嚴謹與團結,也感受到溫拿對樂迷的熱情和誠意。

工作一
宣傳視頻拍攝籌備會議

日期：2023 年 4 月 5 日

地點：鯉魚門某海鮮酒家

下午 3 時 45 分，我乘坐製作公司的專車，抵達香港品嚐海鮮的著名地點鯉魚門。車停泊在海旁的避車處，車內還有強哥與譚校長的經理人 Razzie。由於另外四名溫拿成員坐別的車輛，因此我們要等他們到達才下車。

過了一會，溫拿五虎齊集。我們走進一條兩旁都是販賣海產、小食和即製蛋卷的路上，各人好奇地四處觀看，沿途不少人輕聲說：「溫拿呀！」一馬當先的譚校長和 B 哥哥就親切地向認得他們的市民打招呼。

街道盡頭的食肆，是我們當天開會的地點。服務員領眾人到酒家的露天平台，原來那裏不單有充滿香港特色的大型霓虹招牌，還有涼亭建築和一望無際的海景。藝能製作的其中一位老闆葉偉忠先生及是次演唱會的統籌 Winnie、負責拍攝宣傳視頻節目的導演 Johnny 早已到達，正在涼亭中等待。譚校長看到遼闊的景致，心情大好，不禁開懷地說：「鯉魚門是兒時可望而不可即的地方，今天在這裏開會，環境不錯！」

稍作參觀後，眾人圍着涼亭中的圓桌就坐。由於當天的會議主要為商討宣傳新專輯和演唱會拍攝綜藝視頻的事宜，Winnie 就向大家

派發節目拍攝的日程及內容大綱，並開始逐一講解。桌上擺放了數支紅酒和佐酒的果仁，但這時候譚校長要求別的飲品和小吃，於是喚來服務員，請廚師為我們準備些下午茶食物，又在服務員推介下點了馳名的凍奶茶與白灼東風螺。

Winnie 細心地講解各集視頻的構思，溫拿對於會去露營地點拍攝，表示很有新鮮感，而且還開始商量帶什麼行李。

譚校長：「我建議到時翻翻大家的背包，看看帶了什麼。」

健哥：「你是否要帶消化藥之類，我擔心你吃得太多。」

B 哥哥：「當然要帶結他。」

友哥：「如果我們燒烤，是否要帶滅火筒？」

譚校長：「你常演道長，不如你帶大蒜辟邪。」

B 哥哥：「視頻節目名稱是什麼？」

健哥：「是否『五個老坑去旅行』？」

譚校長：「嘻嘻，可以叫『花甲之旅』。」

強哥：「……」

突然，譚校長的雙眼開始盯着服務員拿來

的一大盤東風螺、豉油皇煎蝦，還有豉椒鯉子煎米粉。

葉先生：「怎麼會議小吃弄得像晚餐一樣豐富？」

B哥哥：「可能別人認為這個份量只屬於阿倫日常的餐前小吃。」

Winnie打算繼續講解露營的安排，但各人早已開動進食的引擎，譚校長不斷在吃東風螺，又夾了些蝦到我的碗中，說：「老師，快點趁熱吃。」

B哥哥在品嚐煎米粉的時候，說：「這杯奶茶味道挺好！」同時間，友哥開了紅酒，健哥又在細看服務員剛買來的即製蛋卷，只有強哥像學生般仍安靜坐着，於是Razzie當機立斷，高聲說：「好，大家吃完這一輪我們才繼續開會！」

霎時間溫拿像在學校中放小息的學生，盡情聊天吃喝，工作會議一秒間變了聚餐現場。譚校長仍在「歎」東風螺，將螺肉取出的時候不忘說：「這裏的小吃很精緻」，頃刻間由歌手變了食評家，連強哥也專心一意地吃着煎蝦。

下午茶的進食速度像「狂風掃落葉」般，同時間健哥的「跟得夫人」Mona帶着他們可愛的誼女到達，在平台與我們揮手，健仔隨即

報以甜蜜的笑容。

隨着葉先生一聲令下，導演再開始跟大家商討拍攝細節，溫拿五人立刻收拾心情，踴躍提出建議。例如問他們想在每集視頻演唱什麼歌曲，阿B就建議 Sha-La-La-La、Happy Together、《自然關係》等，胸有成竹，可是當知道計劃中的拍攝地點包括海洋公園時，他竟突然面有難色說：「要坐吊車嗎？我畏高，會害怕的。」眾人料不到外形高大挺拔的阿B會有這樣的反應，於是紛紛安慰他，向他保證很安全，根本無需擔心。B哥哥就回應說：「我很害怕，可以坐吊車，但不知到時自己會有什麼反應。」談到海洋公園，譚校長對那裏的「碰碰車」表現得很有興趣，而且輕聲說：「玩碰碰車可以看到誰的人緣最差」，隨即看着隊友奸笑，相信他已準備好在賽車場上大發神威。

會議的尾聲，我簡單向眾人說明撰寫《溫拿50》的計劃與內容大要，溫拿立刻熱心地告訴我當年他們在灣仔Downtown、北角陳樹

渠大會堂、利舞臺等地方的演出情況，又告訴我他們曾為外國樂隊 Bee Gees 做暖場嘉賓，更答應安排時間接受訪問，讓我有更多第一手資料，大大加強了我寫作的信心。散會之際，我以為大隊將離開鯉魚門，怎料原來晚餐地點就安排在開會的酒家中，而且是頂級海鮮宴，於是大家踏着輕快的步伐移步至室內的宴會廳，再合力展開新一輪的「掃食」行動。

工作二
專輯歌曲錄音

| 日期：2020 年 3 月 14、15 日
| 地點：油麻地某錄音室

2020 年 1 月 23 日，香港錄得首宗新冠病毒確診個案。2 月 9 日，共 19 人的農曆新年家族火鍋活動，有 13 人確診新冠肺炎。3 月 1 日，本港確診個案突破 100 宗，香港市民外出紛紛戴上口罩。

當時，溫拿的新專輯正如火如荼地製作，我們需要去錄音室工作，因此大家都戴上口罩，感覺不太舒適，卻也無可奈何。

兩天都出席的包括監製 Johnny Yim、環球唱片 A&R 部門負責人 Kavin、譚校長、B 哥哥、健哥，還有該錄音室的錄音師。

集合時間是下午 2 時，由於租錄音室有時間限制，因此大家一般情況都不會遲到。第一首錄的是《兄弟》，主音部分由譚校長負責，他前一天已跟我了解過歌詞，因此跟大家說：「這首歌最重要是 feel，要着力表現朋友間真摯的友情。」

錄音是分開不同段落的，每唱完一段，監製都會重播錄音，大家反覆聆聽，並給予改善建議，即使如溫拿那麼有經驗，也絕不馬虎鬆懈，而且會因為其中一句不夠好而重複錄數次，直至每一句都找到滿意的版本。歌手錄音，如果我前往探班，都會特別留意咬字，如果有字音不當的情況，就要及時提出，不能因為面前是天皇巨星就

充耳不聞,如《兄弟》的歌詞中,「恣意」的「恣」粵音讀「至」、「惆悵」的「悵」粵音讀「唱」,都是當天特別提醒他們要注意的。

譚校長錄音時,B 哥哥和健哥已可以同時構思和音,但和音與主音是分開灌錄的,所以不在當天的工作範圍以內。然而,《兄弟》有一段編曲的旋律是用口哨聲演繹,那是譚校長即時在錄音室哼出來的,實在悠揚悅耳,表現出溫拿年輕時無拘無束與無愁無慮的感覺。

溫拿的合作經驗是毋庸置疑的,他們唱歌很快就能進入狀態,完成各人在《兄弟》的演唱部分後,第二首錄的是《狂 Loop 的新歌》。那是一首充滿玩味的歌,Johnny 隨即說:「開 Party 了!」各人就以輕鬆的心情分配主音的段落,由阿 B 先唱。這首歌的錄音很順利,因為樂隊組合的演唱很容易表現熱鬧和歡樂的氣氛,但當然每一首歌錄完後還需後期製作,才能成完專輯中的最終版本。

當天錄音過程大約四小時，下班後，溫拿三人打算前往附近一家港式西餐廳晚餐，並問我會否同行。我說：「如果我也去，會不會妨礙你們聊天呢？」健哥立刻說：「當然不會，大家開心吃飯，我們都是閒話家常。」

餐廳當晚生意不俗，我們在門外等了數分鐘，服務員表示餐廳中央的位置有一張四人桌，問溫拿是否介意。親民的他們當然不介意，於是我們走進餐廳，雖然食客紛紛認出三位歌手，但他們神情自若地坐下，點了招牌菜瑞士汁雞翼、乾炒牛河和牛腩意粉。我們邊吃邊聊溫拿各人的成長趣事，他們就像在跟我上一課「溫拿發展史速成班」，讓我更了解溫拿的成名之路。

晚飯期間，有些食客前來要求合照，溫拿各人都非常友善，不會因為自己是名人就拒絕接近陌生人，一一滿足拍照的要求。晚飯後，溫拿三人還非常有風度地幫我找計程車，看着我上車後才離開，半點明星架子也沒有，令我十分感動。

翌日原班人馬於下午齊集錄音室，首先是錄 B 哥哥主唱的《小青柑》。那是一首有關父愛的歌，B 哥哥錄音的時候，大家都十分感動。然而，B 哥哥對自己當天的聲線不太滿意，覺得自己的錄音未能反映最佳狀態，於是再多錄了數次。我們都覺得很不錯了，但看得出 B 哥哥的自我要求很高，據我所知，他後來再安排了時間重錄《小青柑》，所以現時專輯的版本並非 2020 年 3 月 15 日所錄的。

接着錄《身邊還有你》，這首歌是以健哥第一身的角度寫的。他在正式錄音前跟我在走廊聊了一會，告訴我這首歌跟他以前的歌曲風

格可謂一脈相承。然而,他對自己的狀態有點猶豫,想分開小節錄音。當他向監製提出時,Johnny 認為這樣會不自然,應該每段一氣呵成。B 哥哥和譚校長也反對,並指以健哥的實力,絕對不用分句錄,因為會影響情感的表達。我們明白健哥重視這首歌,自然加重了心理壓力,於是現場所有人一起鼓勵他,叫他放膽盡情地唱。當看到健哥順利唱完了第一段歌詞後,我們都很開心,而且替他鬆了一口氣。我這名後輩當時真的看到了溫拿團結互愛的精神,在音樂的路上不論什麼時候也彼此扶持,不會計較要為隊友付出更多時間。當然,Johnny 對錄音的要求是很高的,因此不會讓健哥唱一次就作罷,每段要他多錄數次才「收貨」。

我們離開錄音室時,天已黑了。在回家前,Johnny 提議大家在大廈門前拍一張合照,紀念當天工作結束。照片中的五人,誰也不會料到,那天後因為新冠疫情全球肆虐,新專輯要推遲三年才發行。現在回想起來,只覺凡事盡力而為,順應天命,也就無悔了。

工作三
MV《由始至今》拍攝

日期：2023 年 4 月 10 日

地點：新界北區露營場地

我與 Razzie 隨製作公司專車到達港島區，接提着結他和結他架的健哥和強哥。當天是外景拍攝，地點在北區雙魚河的一個私營露營場地。

下午 3 時，我們到達現場，環球唱片兩名宣傳人員、MV 導演及拍攝隊伍已準備好營地設備，搭了具規模又漂亮的室外場景。工作人員先帶我們上室內一個閣樓，化妝師、髮型師和服裝指導已齊集，隨即為健哥與強哥準備拍攝的打扮。Razzie 知我出外景的經驗不多，幫我在身上噴蚊怕水，因為春天的野外恐怕會有許多蚊子和昆蟲。這時候，健哥收到太太 Mona 來電，告訴他背包中放了薄羽絨外衣，擔心夜裏會轉涼，非常細心。

過了一會，譚校長到達。他下車後先向導演了解拍攝安排，視察營地，然後才上閣樓更衣。這時候，服裝指導發現健哥的褲子有點鬆，原來他比我們想像中纖瘦，幸好服裝指導多帶了其他尺碼的褲子和腰帶，迅速就解決了問題。

桌上放滿了山系服裝的飾品，正在化妝的譚校長叫我幫他選手帶，我就選了一條紅藍雙色的，因為拍出來色彩會比較豐富，也能配襯他當天牛仔布的襯衣。

一陣悅耳的笑聲傳來，原來是 B 哥哥與太太 Fan Fan 到了。Fan Fan 拿着一大袋三文治，親切地請工作人員吃。她除了來探班外，還負責為 B 哥哥打點造型，十分體貼。突然樓下傳來了鼓聲，Razzie 說：「陳友到了。」她跟溫拿合作多年，深知他們的喜惡、習慣和性格，知道陳友一定會被樂器吸引，如不提他，就會一直地打下去，於是她走到門外，高聲說：「陳友上來化妝！」一聲令下，友哥果然乖乖上來。

坐在一旁的我，這時留意到溫拿孩子氣的一面。只見譚校長、健哥和友哥在 Fan Fan 帶來的三文治紙袋中發現數包乾冰，三人竟玩得不亦樂乎！最後當然要經理人催促溫拿隊員就位，他們才不捨地放下手上的玩具，一一下樓集合。

拍攝 MV 的過程十分複雜，每個地點都要反覆拍攝多次，因為分別要拍遠景、近景和各歌手的近鏡，除了多部攝影機，還有航拍機。導演和攝影師外，負責燈光、收音、拍攝、道具、場務等一眾工作人員，每刻都不能鬆懈，因為每個鏡頭都需要台前幕後完美配合才行。每完成一段拍攝，化妝、髮型和服裝指導又要隨即上前為溫拿五人整理妝容，讓他們以最佳的狀態繼續工作。

譚校長：「哎呀，第一句已忘記歌詞。」這實在不用擔心，因為拍攝 MV，寫着歌詞的「大字報」是少不了的。由於要拍歌手不同角度的特寫，因此有專人搬動夾着「大字報」的鐵架，讓歌手可以隨時看着歌詞現場演唱。

歌曲的下半部分，導演的構思是要入夜才拍攝，於是黃昏就是晚餐「放飯」的時間。這時 B 哥哥找人到附近一間茶餐廳買來馳名的煎雞尾包，還有冰奶茶和檸檬茶等飲品，各人就在露天的營地上坐下，於夕陽中享受美食。

溫拿五人吃完東西，由於還未到拍攝時間，工作人員又要準備現場燈飾和重新安排攝影機擺放位置，於是溫拿就開始唱歌。他們不用看譜，一首又一首經典英文金曲朗朗上口：*Have you ever seen the rain*、*He Ain't Heavy, He's My Brother*、*The Changes* 等，連唱十數首，將現場變了溫拿樂隊的迷你演唱會，氣氛好得不得了。他們五人真的精力充沛，一點倦容和不耐煩也沒有，就那樣由黃昏唱至天黑。

入夜後，拍攝場地點起營火，帳篷四處也亮起了燈飾，增添了浪漫溫馨的氛圍。溫拿齊集在營地的中央，開始拍攝。縱然室外有許多蚊子，但全部人都很專心地工作，實在顧不得昆蟲的來襲。

同時間，營地旁邊飄來熟食的香氣，原來場務人員準備了爐具和食材，包括雞翼、香腸、肉串等，而 Razzie 與唱片公司宣傳人員正忙着燒烤，趕製拍攝的道具，我也加入幫忙。我們烤得非常認真，因為溫拿五人真的會邊拍邊將道具吃進肚子，所以不能馬虎。Razzie 由經理人變身為夜市燒烤攤的檔主，一邊忙碌地翻動食材，一邊試味，還將食物分給工作人員，因為快到半夜，大家也有點肚餓了。當然，我們還要認真地準備給溫拿，只見每有食物上桌，不用導演多加吩咐指導，他們就吃得津津有味，還擺出有趣的動作，很容易就拍到愉快的進食畫面。最後，隨着開香檳「卜」的一聲，當天的 MV 拍攝工作也順利完成了。

工作四
宣傳視頻拍攝

| 日期：2023 年 4 月 17 日
| 地點：海洋公園

海洋公園的會議室內，溫拿五虎正準備出外拍攝。這天五人都穿了自備的休閒服，帶着背包，像學生去旅行。他們抱着來輕鬆玩樂的心情，所以就算要出鏡也不打算化妝，只請化妝師稍微整理髮型，毫無偶像包袱。

拍攝隊伍先出發去首個景點準備，我利用這空檔問溫拿，以前有沒有一起到過海洋公園。

B 哥哥：「來表演可能有，但一起來玩就沒有了。」

譚校長：「我和健仔有首歌的 MV 是在這裏拍的。」

健哥：「《玩的格言》。」

譚校長：「那首歌我們是在公園外圍拍的，好像沒進海洋公園，而且拍得很快，只用了 1 個小時 30 分鐘。」

這時工作人員進來，帶我們前往第一個拍攝地點「竹林天地」，五虎聽到可起程去看大熊貓都非常雀躍，看來毛茸茸的可愛動物真有魔力俘虜所有人的心，包括搖滾樂隊。

為了減少等候時間，不致妨礙其他遊客參觀，我們獲安排在餵飼時間進館，因此入場就看到大熊貓置身參觀區，並在落地玻璃旁大快朵頤。溫拿五虎隨即像普通遊客一樣，拿着手機抓緊機會跟熊貓合照，又不停自拍。他們好奇地看熊貓吃竹子，一時又被熊貓的樣子逗得哈哈大笑，就像五名小學生終於可以圓夢，與好友並肩暢遊主題樂園。

離開「竹林天地」，一行人走到「香港老大街」。4月的香港，白天已非常炎熱，我們逗留在室外一會已汗流浹背。然而，溫拿五人仍非常專業地在懷舊小食檔前拍攝，高興的吃腸粉、碗仔翅、雞蛋仔等，額角豆大的汗珠也無阻他們的熱情。休息的時候，工作人員買了冰奶茶給大家，我們就坐在一旁乘涼。閒聊時，溫拿不期然說到關於音樂的話題，提及兒時玩過的樂器，才知道譚校長曾買過一具口琴，本來打算自學，可是他說：「買回來才發覺吹口琴比練潛水呼吸更辛苦，第二天就送給別人了。」

口琴雖然玩不成，但遊樂場的旋轉木馬卻能引發他的興趣。喝完奶茶，溫拿五虎就在旋轉木馬那邊拍攝。由於身在海洋公園，因此迴旋的也由木馬變了海洋生物。他們選定了自己喜歡的，一股勁兒坐上去，邊玩邊聊童年趣事。機動遊戲隨着音樂轉了一圈又一圈，筆者眼前的一切彷彿漸漸倒流至上世紀70年代，面前則是五名青春美少年在遊樂場中大談他們的音樂夢……

上午拍攝完畢，午餐地點安排在「海龍皇餐廳」。餐廳的貴賓房中
有整面玻璃幕牆，可以看到大量魚兒游來游去。導演先拍攝溫拿談
天的片段，部分工作人員把握時間吃午餐。拍攝完後，我跟溫拿同
席，他們並沒有閒下來，友哥已在敲擊碗筷，將身邊的東西也成了
樂器。五人隨即排練 Sha-La-La-La 和 Happy Together 兩首歌，
水準極高，除了間中忘詞外，與正式在舞台上演出是沒有分別的。

下午我們要乘纜車前往攤位遊戲場地，路上遇到小丑和樂隊表
演，溫拿立即加入。他們簡直是天生的表演者，立刻成了台上的
主角，經過的遊客對於有名人竟在他們眼前出現大感驚訝，紛紛
舉機拍攝。

開籌備會議時，B 哥哥曾表示他畏高，害怕乘纜車。在纜車站時，
各人不忘安慰他，其他隊員與攝影師跟 B 哥哥同車，幫他壯膽，
譚校長還叮囑其他隊員不要在車上有太大動作，因為 B 哥哥看來
真的有點緊張。到達目的地後，我在下車處第一時間問 B 哥哥感
覺怎樣，他面帶笑容說：「沒有想像那麼害怕，好像克服了點心理
障礙。」

下午的拍攝地點很多，縱然要逗留在炎熱的室外，溫拿五人是沒有怨言的。要他們現場演繹歌曲，他們不介意一次又一次地試唱；等待工作人員準備時，他們坐在一旁，即使曬得滿臉通紅，也不催促，不會給別人壓力；看完企鵝又要在餐廳拍下午茶片段，他們就開懷大嚼，導演要求的，他們都盡力配合，敬業樂業。

當天最能展現溫拿樂隊齊心開朗一面的，應是玩攤位遊戲和碰碰車的時候，因為他們不單好動，更是天生玩樂的能手。坐上碰碰車，彼此不會相讓，撞到別人的車子就盡情歡笑；看着各式各樣的遊戲，只待工作人員給他們代幣就立即大顯身手。想不到他們在遊戲攤位玩得挺認真的，還一起商量致勝策略，絕不欺場。每次獲獎，各人就興奮得大叫，一隻又一隻毛絨玩偶獎品交到溫拿五虎手中，他們就轉送給拍攝工作人員，讓大家也盡興而回、滿載而歸。

工作五
專輯及演唱會宣傳照拍攝

| 日期：2023 年 4 月 18 日
| 地點：中環某酒店

海洋公園拍攝翌日的下午，溫拿就要在中環一間華麗的酒店拍攝新專輯及演唱會宣傳照。密集的工作需要過人的體力，不是一般人可以想像的。這次服裝及造型由著名的美術指導張世傑負責。張先生、藝能製作的同事、環球唱片的宣傳人員、化妝師、髮型師、當天的攝影指導及拍攝團隊一早到場佈置，溫拿穿的西裝及禮服亦早已整齊地掛在化妝間。

健哥、友哥及強哥率先更衣化妝，B 哥哥在一旁吃着太太為他買來的外賣，譚校長卻未見蹤影。這時候，經理人 Razzie 告訴我們，譚校長病了，正趕來集合。十分鐘後，譚校長帶着倦容進入化妝間，聲音沙啞，但一見到各人就挺直身子，跟大家打招呼。他說也許昨天在海洋公園暴曬後要進出冷氣場館，所以患了感冒。但藝人的工作牽涉場地和大量人手安排，不是病了就可請假的，何況是譚校長那麼資深與專業的歌手，就更不會輕易失場。

譚校長吃過感冒藥，精神抖擻地讓工作人員幫他打扮，其他隊員也如常跟他聊天，讓氣氛輕鬆一點。這時化妝師問起溫拿隊員的普通話水平，B 哥哥就謙稱：「就是沒水平，以前我唱《小城故事》，第一句就唱成『笑』城故事多，引來哄堂大笑。」譚校長又說：「我有一次想問人拿吸管，卻說了請問有沒有『啜筒』。」化妝間頓時笑聲震天，譚校長更說：「見到你們後，我好像沒那麼不舒服了。」

溫拿隊員穿上白色西裝，等候出場拍攝時，並沒有靜下來。友哥高興地向隊員展示孫兒拍廣告的視頻，健哥又突然靠着牆邊示範深蹲

的鍛煉姿勢，惹得其他隊員走去跟他比拚，室內頓時一片熱鬧。

在工作人員的帶領下，所有人到了酒廊，在有日光的房間中開始拍照。除了合照外，也要拍單人照，只見溫拿五虎熟練地面對鏡頭，又在導演指導下擺出不同動作。眾人一絲不苟，務求找到最好的角度，表現五名主角的帥氣不凡，也要藉着畫面呈現他們深厚的友情與相聚的歡樂氣氛。

第二部分的拍攝場地在宴會廳。工作人員預先在沙發旁的地上放了一個 disco ball（鏡球），又於四周灑滿了七彩紙碎，模擬演唱會後慶功派對的場景。

溫拿換了深色禮服，從化妝間出來，造型俊朗。此時譚校長說有點頭暈，我立刻走到他身旁問他覺得怎樣。他說可能剛吃過感冒藥，所以有點疲累，但來到拍攝場景時，溫拿五人都表現得精神奕奕，而且和顏悅色地跟工作人員溝通，專業精神令人敬佩。

那組照片雖然模擬的是告別演唱會「Farewell With Love」後的

派對，但溫拿一直強調要瀟灑地跟樂迷說再見，讓觀眾留下美好的回憶，因此畫面不會傷感。他們坐在沙發，舉杯慶祝，工作人員在旁放紙炮及灑彩色閃片，由於每次灑閃片的效果也有不同，所以要一次又一次重拍，但溫拿都很有耐性地全程配合，直至導演滿意為止。

別離的感覺縱是不捨，不過所有宣傳照都沒有傷感之意，反而予人浪漫瑰麗的感覺。最終製作公司選了坐在沙發的一幅照片做演唱會海報，但願歌迷看到溫拿五人帥氣愉悅的面貌外，也明白溫拿贈予廣大樂迷的濃情厚愛。

behind
the
scenes

Chapter 4
溫拿齊放假

不用工作的時候 |

偷得浮生半日閒，不用工作的日子，溫拿當然會善用餘暇，好好玩樂，盡情享受人生。原來他們除了同好音樂，各人也動靜皆宜，而且興趣廣泛，生活多采多姿。

譚詠麟

阿倫好動，也愛熱鬧。每周跑步、踢足球、收看各地足球賽事已是他的生活常態。此外，每年阿倫都會去世界各地旅行，以前喜歡去日本，到東京的原宿看時尚潮流新事物，近年則喜歡去悠閒寧靜的地方，欣賞自然景觀，例如到新西蘭出海觀鯨，去加拿大的山區看螢火蟲。

享受地道美食是阿倫去旅行不能少的節目，然而最令他難忘的一頓外地「美食」，卻是至今仍猶有餘悸的鱉。

「有次到訪日本，谷村新司邀請我去橫濱吃飯，是吃『水魚』（鱉）的刺身！我很害怕，但盛情難卻，不好意思不吃，於是每一口都喝大量的酒吞下去，是什麼味道也不清楚，而且很快已有醉意，回程的路上就不斷嘔吐。」人所共知的「食物焚化爐」都被難倒，

可見那頓鱉魚刺身真的每口難忘。

如果有天只有溫拿去外地旅行,沒有其他人跟着,阿倫建議去一個無人的荒島,只需適量的水和食物就可,讓兄弟們可以運用智慧,善用島上的時光,筆者則認為可以順道拍一齣「溫拿野外真人秀」。

放假時如留在家,阿倫一定會欣賞和打理他的觀賞魚。他的家中有八個魚缸,如果在香港,一定由他親自清潔,因為他覺得洗魚缸也是閒暇的享受。

「我喜歡養各種七彩神仙魚,還有具證書的雄龍,因為顏色和外形也很漂亮。每天寧靜地看着魚兒游來游去,可以放鬆心情。有空我會去旺角的金魚街逛逛,然後去附近的港式茶餐廳吃東西,最愛新鮮出爐的蛋撻和雞批。」

眾所周知,阿倫喜歡飲食,但他表示吃什麼其實不是最重要,最重要是跟自己喜歡的親友邊吃邊聊,暢所欲言。

「只要有美食,我是不介意地點的。在茶餐廳我喜歡點粟米石斑飯,要炒底;此外,乾炒牛河、滑蛋蝦仁煎米我也喜歡。日常在家中吃飯,菜式很簡單,蒸魚、番茄炒蛋也可,不用每餐也大魚大肉。」

「只要有美食，
我是不介意地
點的。」

鍾鎮濤

阿B除了懂多種樂器,又有出色的衣着品味,但他放假時不會只吹色士風和逛街購物,而是喜歡兩樣充滿中國文化氣息的活動:寫書法和品茶。

「我有數年在內地生活,也演過古代帝王的角色,在劇中執筆後就開始喜歡寫書法,曾六年每天練習,即使沒有拿起筆來寫,也在腦海中默想。那時常常逛北京的琉璃廠大街,因為那兒有文化街之稱,街上有許多書店和出售書畫、文房四寶的店舖,我可以慢慢參觀。」

阿B在寫字這門興趣上,真的下了不少工夫,現在還會常常回工作室練筆,有空就細讀王羲之、蘇軾、懷素等大師的碑帖。

「如果新歌反應好，也
許我會重新生產自家
的『小青柑』。」

「下筆前，我會靜下來構思，遇到不曉得寫的字就上網和從書法字典中翻查資料。最喜歡寫行草，因為可以自由表現思想與個性，沒有太大的規格及約束。」

阿 B 在香港的工作室，寫字工具一應俱全，還收集了不少印章。許多人建議他開書法展，不過暫時阿 B 只視寫字為生活的嗜好，不想因為要展出作品而有壓力。

除了寫字讀帖，阿 B 還喜歡品茶，更有自家設計，刻有「隨風」二字的茶壺。

「品茶與泡茶有許多學問，很有趣，也是有益身心的活動。我喜歡喝老普洱，這類茶越賣越貴，而且很難找到好貨，幸好我有少量收藏，可以慢慢品嚐。老樹茶茶味佳，味道濃郁沉穩，有養生價值，對胃也好。有時候以陳皮或甜點佐茶，就別有一番風味。」

早年阿 B 曾往台灣發展，在工作人員介紹下喝烏龍茶，因此對品茶產生興趣，就學賞茶和泡茶。

「我祖籍新會，新會有名茶『小青柑』，我也曾生產一批送給朋友。《由始至今》專輯中有一首新歌就是以這茶命名，用泡茶比喻父母對子女的關愛。如果新歌反應好，也許我會重新生產自家的『小青柑』。」

彭健新

不用工作的健仔，喜歡簡單寧靜的生活。除了彈結他，釣魚就是他最大的興趣，連跟太太 Mona 第一次約會也是去釣魚，可見其嗜好與愛情也是千載不變的。

「我喜歡去寧靜和有私隱度的地方釣魚，如私人魚排和荒島，一來不用被騷擾，二來也幻想會有大魚躲在不為人知的地方。每次釣魚，如果可以釣到黃腳鱲就會特別開心，因為我和太太都喜歡吃，這魚的肉質鮮美又嫩滑，不過近年香港越來越少，已很難釣到。」

人們以為垂釣只需坐在岸邊，健仔則指那是考智慧的活動：「釣魚要思考，因為貿然把魚餌丟進海中是不會有收穫的。垂釣要考慮天時，即月份和天氣；地利，是垂釣的位置，要在有魚聚居的地方，如魚排口；人和，就是不能受騷擾，要有耐性地等待。」

健仔每次有魚穫都會詳細記下魚吃餌的時間、魚餌的種類、水流和潮汐漲退的資料，十

「釣魚要思考，因為貿然把魚餌丟進海中是不會有收穫的。」

分認真，而且非常專業。

不去釣魚的假期，他多與太太結伴同行，逛街市看海鮮、逛商場看服飾也是節目，多數即興而為。健仔說他最順人意，外出的目的地是哪裏也沒所謂，太太決定就可，正如夾band，只要互相遷就，關係就能長久。

「有時我們會帶契女去海灘玩，有時上山頂欣賞風景，都是隨意的決定，很少特別安排。假日我們喜歡去茶餐廳吃飯，因為平、靚、正，焗豬排飯、乾炒牛河、肉絲炒麵都是我們常點的。平常朋友請吃飯已吃得很高級和豐富，所以閒暇就吃簡單地道的美食，平衡生活。」

愛垂釣的健仔當然也喜歡品嚐海鮮，最喜歡貝殼類水產：「蟹是最美味的，尤其是多肉的長腳蟹；此外，奄仔蟹那些黃色的蟹膏，想起已令人垂涎。我也愛吃蜆和帶子，總之是貝類的，也覺鮮味無窮。」

陳友

陳友是一個創意十足,思想天馬行空的才子。說到他閒暇喜歡的兩大娛樂,表面上風馬牛不相及,卻也可說互為關連,就是出海和烹飪。

「我有船牌 30 多年了,有空就會出海。我喜歡有動力的摩打船,因為在船上可以釣魚,又可進海中潛水,有時間就會在船上過一兩天。」

以前陳友喜歡在海上自駕遊,遠至香港東南面的擔桿列島一帶,要數小時的船程。

「近年不想去太遠,多停在西貢附近寧靜又無浪的水域。從前喜歡滑水和潛水,現在活動簡單一點:游水、煮食,或上船吃午餐,然後回船上休息,夜裏就將船泊回船會。」

喜歡出海,因為愛上了水上生活的閒適與寧靜,無拘無束。

「也許我有這方面的天份，所以很有成功感，愛上了入廚。」

「平時在陸上生活，出海就能多一個生活空間，感覺很不一樣。海上空氣好，有充沛的陽光，又能直接親近大自然，那種飄逸自在是於陸地感受不到的。」

海上與陸上的嗜好本來關連不大，但煮食卻是不論身在何方都十分重要的事情，而烹飪就是陳友近年發展的興趣。

「我以前不進廚房的，與不少人一樣，疫情期間多了時間在家，於是去街市購買食材，又上網看廚藝示範，自己也試試烹飪。也許我有這方面的天份，所以很有成功感，愛上了入廚。」

按常識與感覺烹調菜式的陳友短時間內成績突飛猛進，已經可以在家宴客，朋友都大讚他廚藝了得，最拿手是做臘味飯。

「我常接觸水上人，有人教了我煮水上人風味的臘味飯。由於船上生活不會有太多廚具，所以要用中式鑊。中式鑊有弧度，與米的接觸面較多，煮出來的飯會有三分之一是飯焦（鍋巴）。米上可放臘味或任何粵式煲仔飯的材料，飯熟炒起時，飯焦與上層香軟的白飯混在一起，還有配料滲進的美味，朋友吃過都大讚。」

愛上烹飪後，陳友會在家設宴，親自入廚回饋請他出外吃飯的朋友。他認為在家吃飯既可以跟朋友喝酒聊天，又可分享自己的入廚成果，是非常好的社交活動，不過他就不想開「陳友私房菜」，暫時只為家人和朋友下廚。

「我喜歡研究煮藝，又愛打鼓，雖然兩者好像也沒什麼關係，但同樣需要足夠的腳力。打鼓要用腳控制 bass drum（大鼓），做飯要長時間站立，又要進出廚房和飯廳招呼朋友，其實是需要相同條件的。」

葉智強

阿強是溫拿樂隊中最懂自得其樂的一人。他日常沉靜寡言，強調無聲的背後有屬於他個人遼闊的世界。由於他惜字如金，筆者就用最簡潔直接的方法披露他閒暇的生活。

嗜好一

筆者：不工作的日子，你會做什麼？

強：看眼鏡、維修。

筆者：去哪裏看眼鏡？

強：不會刻意找，隨緣。

「隨緣。」

筆者：喜歡什麼款式的眼鏡？

強：戴上好看的。

筆者：對眼鏡有什麼特別要求？

強：合度數。

筆者：……

嗜好二

筆者：你說喜歡維修，最有成功感是修好什麼？

強：一部剪草機。

筆者：在家中還要負責什麼事情？

強：所有水電工程、通渠、油漆、修理衣車。

筆者：你會去逛街買工具和零件嗎？

強：去大型商場買，什麼也有，沒有就上網找。

筆者：……

The Wynners' holiday

Chapter 5
溫拿語錄

歷年精彩語錄 |

溫拿樂隊成團 50 載，拍攝電視節目、接受訪問和出席宣傳活動多不勝數。由於五名成員各有獨特性格，加上活潑健談（阿強除外），所以每每口若懸河、妙語如珠，雋語精句可謂恆河沙數、不勝枚舉，不單搞笑有趣，更發人深省且感動人心。

回顧溫拿五虎的語錄，既可了解他們的事業發展歷程，也可看到他們對樂隊、其他成員及自我的評價，從而感受他們對工作、朋友、歌迷，以至日常生活各範疇傾注的熱情。五人時而互相挖苦，時而感激相伴；或認真發言，或誇張談笑，皆讓人捧腹、感動又回味無窮，一切源自溫拿深厚的感情和無分彼此的大愛，那就是這殿堂級組合與別不同之處，值得人們欣賞與珍惜。

【語錄一】

訪問者：「認識數十年，你覺得他們有什麼改變？」

阿倫：「在阿健身上絕對不會有什麼改變，他的髮型是永遠不會變
的。」

健仔：「你去看看我們的專輯封面，頭沒禿……你看，是真的！」

阿倫：「我們仍會動，有牙。」

健仔：「還有呢？」

阿倫：「（勉為其難地回應）還有……肌肉。」

溫拿的友情千載不變，人所共知；至於外形，隊員均常提及健仔的髮型恆久不變。健仔
為人單純善良，要求不高，沒有禿頂已感高興。阿倫素有「食物焚化爐」的美譽，曾說
過如果自己不是藝人，也許嗜吃的他早已是個大胖子。然而，熱愛運動與性格堅毅的阿
倫每次立定減重目標就會切實行動，在其天賦「可加可減」的機制下，有牙又有肌肉，
絕非難事。

【語錄二】

阿倫：「其實我們溫拿樂隊可以唱了那麼多年，絕對是華人樂隊的一
個傳奇，因為我們所有人由開始時的五個到現在，從來沒換人。今時
今日，我們仍行動自如、有頭髮、有牙……」

同一番話多次出自阿倫之口，可見他實在引以為傲。悠長的 50 年，隊員始終如一，至
今仍合作無間，是溫拿最感自豪的。值得留意的是阿倫每次說同一番話，最後總不忘強
調「有牙」，可見他對飲食極為重視，無論何時何地都不能餓肚子，必須吃飽再算！

【語錄三】

　　阿倫：「溫拿精神是與香港有關，是香港獨有的，我們輸人也不輸陣，
　　有打不死的精神！」

阿倫重情，溫拿亦一樣。他祖籍新會，由於在香港土生土長，所以視「東方之珠」為家，
也以香港人的拼搏精神為榮。溫拿樂隊齊心，陣容從來沒輸過，成就更是有目共睹。

【語錄四】

　　阿B：「我們這個輩份排舞是要先將自尊心鎖在家中，還要豁出去。」
　　陳友：「我有朋友看完我們跳舞笑了兩三分鐘，笑完回家第二天還病
　　了，因為笑得太辛苦！」
　　健仔：「其實我們很認真，有什麼好笑呢？」
　　陳友：「因為我們真是好好笑⋯⋯」
　　健仔：「我們費盡心機的！」
　　阿B：「我們向 Super Junior 偷師，但偷不到。」
　　阿倫：「我們是 Super Senior，都挺有型。我認為阿強最有特色，你
　　自己說說有什麼特色。」
　　阿強：「（跳得）最好。」
　　阿倫：「阿強很有自信的！」
　　健仔：「每逢出錯，阿強都會說是其他四人錯，只有他對。」
　　阿B：「很難得我們仍可以跳舞，雖然動作不是太大，但有活動能力
　　已很感恩。」

對溫拿而言，旋律和歌詞像植入了各成員的腦袋，但每次為演唱會排舞，就要騰出一些
腦細胞來熟記舞步，因為唱跳絕不容易。口說不想，但其實他們對每次演出皆認真對

溫
拿
50

待，表面上互相嘲諷，實質是透過你一言、我一語互相鼓勵，特別是對素來文靜害羞的阿強。別看他們說話好像不太正經，實際上他們對舞台上的表現極為重視，也常常為五兄弟可以一起演出而感恩。

【語錄五】

訪問者：「你們這次演唱會有沒有舞蹈？」

阿倫：「（輕聲地）欸……有的，在台下。」

訪問者：「你想讓台下的觀眾代你們跳？」

阿倫：「我們真的很想，因為我們要努力用溫拿的音樂帶動台下的氣氛，讓觀眾跳起來！」

溫拿用心良苦，以後樂迷看他們的現場演出就要百分百投入與歌手的互動，台上台下共同起舞，盡情沉醉在歡樂狂熱的氣氛中，珍惜一起的機會。

【語錄六】

阿B：「我們五人什麼都對得上，超合的！」

訪問者：「你是後來才加入的，有沒有覺得其他四人感情比較好？」

阿B：「沒有呀，因為他們是……長輩！他們比我早參加比賽，得獎也比我早。我參加比賽獲獎那一年，是阿強當評審的。」

想不到在樂隊中最寡言的阿強早於溫拿樂隊出道前已有當比賽評審的資歷，而且慧眼識英雄，看到將來拍檔的潛質。茫茫人海中，五虎可走在一起，是生命中特別的安排，也許就如阿B的名曲《要是有緣》的首句所言：「信是有緣／要是無緣怎可此世此生竟碰見」。

【語錄七】

阿B：「對我來說，有一群那麼好的朋友，是我最大的財富。」

阿倫：「人家說，能交上一個朋友，超過五年已是難得。像我們那麼熟，絕對難能可貴。認識這班朋友，是我人生的福氣。」

五年不易，十個五年更難，難在經得起歲月的考驗，友情歷久常新。溫拿是香港流行樂壇的一個紀錄，時間就算無情地流逝，他們卻能見證人間有情，而且真摯無瑕，並非金錢與物質可比。

【語錄八】

訪問者：「阿B人生低潮的時候，阿健，你是伸出友誼之手還是怎樣？」

健仔：「朋友有難，一定要幫。我就幫他一點點，他餓的時候帶他去吃飯，我付錢。」

阿倫：「這個難得，我都沒吃過。」

阿B：「我記憶中都有三數次，這已很不錯。」

陳友：「我們問阿B欠多少錢，他說九位數字後，我跟阿倫說：『先掛上電話商量一下吧！』」

（阿B最後表示不需要隊友金錢上的幫忙）

陳友：「其實阿B決定不要我們幫也沒錯，因為感情的債其實更難還，所以我理解他，但他一個人的擔子是很重的。」

阿B：「我最高興是過了經濟困難那四年後，他們請我吃飯的習慣還是繼續，一直維持到現在。」

阿倫：「我跟他說，這段日子是很難過的，尤其是後來他在演唱會的台上說出了自己的感受，我們在旁邊聽到，不單他在哭，我們也哭了，

因爲是兄弟，他的感覺就是我們的感覺。」

訪問者：「阿 B 要不要在兄弟面前，不怕害羞地謝謝他們？」

阿 B：「我這樣他們可能會覺得阿 B 瘋了，因爲我們很多時候也不會用言語表達。」

阿倫：「我們一個眼神，給他一個肩膀就可。」

兄弟間的交情不落言傳，以心靈感受。人生難免高低起跌，無論有沒有金錢上的協助，也不影響溫拿五虎一條心的友情。溫拿曾表示阿 B 在台上分享人生經歷時，各人因爲怕會跟着流淚，因此不太敢聽，可見他們雖然都是男子漢，但也有感性的一面。現在提及當年，各人均將惱人的過去化爲玩笑，輕鬆帶過，可見他們在乎彼此的感受，只望各人安好。

【語錄九】

陳友：「我們都支持阿 B 和阿倫獨立發展。阿倫斯文成熟，EQ 高，是很好的學習對象。溫拿給我很好的訓練，因爲美女總擦身而過，跑去找阿 B 和阿倫。我唯有打鼓抒發心情，用打鼓的節奏控制他們。阿 B 和阿倫後生很英俊，我等了很久，等到年紀大了才可以拉近距離。」

溫拿五虎惺惺相惜，各有才華，即使阿 B 和阿倫身爲樂隊主音，有大量歌迷，但各人從不計較，默默互相支持，偶爾用幽默的口吻自嘲，貫徹隊員豁達開朗的性格。誰會想到排練和演出時總坐在後方的陳友那麼鬼馬，竟會想到用打鼓的節奏控制他人？

【語錄十】

訪問者：「如果你被毒蛇咬傷屁股，你會找誰替你吮毒？」

陳友：「要視乎是哪種蛇，如果我重傷，極辛苦，相信他們四個都⋯⋯

不會幫我！如果被蛇咬了，數三聲還不吮毒真的會死，我猜他們四人都會幫我的。這班『衰仔』，你死了一半都不會理的，但真死時就會出現。」

阿B：「陳友錯了，我怎也不會吮！你找其餘三人吧！」

阿倫：「陳友，你知道自己有個外號是『世紀毒男』嗎？」

健仔：「其實你應該找阿倫吮，因為他喜歡吃榴槤和臭豆腐，所以沒所謂的。」

陳友：「那我明明不用死也會死……」

健仔：「會臭死呀！」

溫拿成員的相處模式就是如此，一個小小的話題已可聊上半天，而且會互相嘲諷，言談間像高手過招，拳來腳往，各不相讓。如果讀者有機會跟他們共處，肯定會因他們密集式爆發的笑彈弄至呼吸困難，笑不攏嘴！

【語錄十一】

訪問者：「溫拿最甜的回憶是什麼？」

阿強：「最甜的回憶是溫拿剛出道的時候，那時雖然辛苦，要每晚練歌，但第二天一早去飲茶和吃點心是最開心的。」

阿B：「最甜是演唱會，因為不知會否還有下次，要上天告訴我們才知，所以很珍惜，越來越珍惜。」

阿倫：「最開心是兄弟之間沒有計較，這是最值得我們驕傲的。我們不會有隔夜仇，這是很重要的。」

自從溫拿出道以來，他們的演出酬勞都是五人平均分配的，大家平起平坐，沒有高低之分，這做法維持了50年，實屬難得。識於微時，共同打拚，有困難一起面對，有福亦

能共享，這樣的感情絕非必然，他們值得為此而驕傲。

【語錄十二】

阿B：「最重要我們的下一代像我們一樣，可以做朋友，開開心心，將我們的友誼延續下去，那就最好了。」

陳友：「下一代一定會比我們這一代好，就像香港明天會更好！」

要有多深的交情才會渴望自己的下一代延續友情？溫拿五人的關係已不只是隊友、知己，也如親友和家人。五人的價值觀相似，總對未來懷抱積極樂觀的盼望，也時刻想透過音樂為別人帶來正能量，願一切明天會更好。

【語錄十三】

阿倫：「我們在地上撿到報名表，上面寫着『Loosers』，我們就拿來參賽。」

訪問者：「那時候有陳百祥嗎？」

阿倫：「有呀，他撿的，注定是失敗的。」

訪問者：「所以是B哥加入才紅嗎？」

阿倫：「是啊！」

眾所周知，溫拿與阿叻（陳百祥）是多年好友，阿叻亦是溫拿樂隊前身「The Loosers」的成員。組樂隊講求天時、地利、人和，要走紅更需要際遇和機緣。「The Loosers」時代的陳百祥兄弟離隊從商，後期阿倫放棄留學，從新加坡回港，再等到阿B加入，「The Wynners」的陣容才定了下來，並持續發展。不當隊友不等於不能成好友，現在溫拿成員與阿叻仍「friend過打band」就是證明。

【語錄十四】

阿倫：「陳友出過一張國語唱片，賣了八位數字，就是八張。」

阿B：「那是珍藏版，只有我們以前公司的老闆有一張，其他的找不到了。誰可以找出一張，我可以出很高的價錢把它買下來。」

陳友：「可以讓當事人來說一說嗎？有個搞唱片的，但不是專業的唱片公司……」

阿倫：「那個是賣菜的。」

陳友：「那時候我們是一個錯誤的投資，投資了什麼呢？那時候我們拍了一部電影，是鍾鎮濤回港拍的一部影片。拍完之後有個老闆說，既然你會拍片，不如也出唱片吧！我心想，我永遠都在後面，現在有機會出來了，我一定要往前衝呀！最後發覺世界的安排就是這樣，天生你在後面，你在後面就好，走出來幹什麼？結果虧本，賣八張還不虧本？」

樂天知命是溫拿成員的性格特色。他們的銀色旅途雖然各有成就，但絕非一帆風順，如一般人一樣，也有高低起跌。從失敗中汲取經驗，知所進退，在強項中發揮長處，人生就可以更精彩。陳友自當了「八張歌手」後沒有繼續推出個人專輯，不過仍是傑出的鼓手，在電影圈也獨當一面，成了電影公司的老闆。

【語錄十五】

陳友：「阿健是我們當中最不緊張的，腦袋也是最值錢的。」

訪問者：「他的腦筋最好？」

阿倫：「是從來不用，所以是新鮮的。」

陳友：「全新的，沒用過，他不會思考，所以最開心。」

健仔知足常樂，生活的小事也可令他大展笑顏，因此隊友常笑他頭腦簡單，腦袋是最新鮮的。筆者見過健仔最用腦的時候是在一次飯局中，他很認真地研究桌上的蒸魚是什麼品種，還推敲廚師是用了什麼方法處理才令魚肉出奇地嫩滑。

【語錄十六】

訪問者一：「你有沒有覺得跟溫拿聊天沒辦法分辨哪句是真，哪句是假？」

訪問者二：「特別是校長。」

阿倫：「我很誠懇的啊！」

阿倫是樂壇校長，待人親切，為人着實誠懇。然而他亦真的喜歡開玩笑，言談風趣幽默，跟溫拿其他隊友一起時，更會不停搞笑，旁人要追上他們的話題和節奏確是不容易，許多時候還會成為被五虎戲弄的對象。

【語錄十七】

阿B：「以年齡來說，他（健仔）絕對是團長。」

阿倫：「絕對是甲組。」

陳友：「是花甲之年，所以我們要敬老。」

不論年齡、實力和在樂壇的地位，溫拿都絕對都是甲組人馬，更是娛樂圈重量級的代表人物，份量無可置疑。

【語錄十八】

訪問者：「你們會不會爲選歌而吵架？你們的歌那麼多。」

阿倫：「不會呀，我們有團隊精神。」

訪問者：「你們曾互相發脾氣嗎？」

阿倫：「也會有，但只是爲很小的事情。」

訪問者：「誰脾氣最不好？大家數一、二、三，然後指出來。」

　　　（大家都指着阿強）

阿強：「不是，不是……」

阿倫：「其實他的脾氣不是很壞，只是偶爾發脾氣。」

阿B：「其實我也是壞脾氣的，當我餓的時候還要工作，就會發脾氣。」

溫拿成員是不會為選歌而吵架的，因為健仔最熟悉其他人的聲線和音域，所以成團後選的歌都由他分配各人負責的崗位。至於阿強被指有脾氣，其實是因為他很少揚聲表達己見，因此只要開口表達不滿，就挺為震撼！工作前先吃飽是溫拿的習慣，相信不單是阿B，任何人餓着肚子也會鬧脾氣的。

【語錄十九】

健仔：「其實阿強好得意，他不說話的，但你不要惹他，他內心的火一爆，是無法收拾的。」

阿強為人內斂低調，據筆者觀察，隊員都特別關顧他的感受，阿強就像一座「睡火山」，爆發的機會是很低的。

【語錄二十】

訪問者：「你認為溫拿成員誰最容易被騙財呢？」

健仔：「當然是阿強！阿強又名『豬頭強』，像一頭豬。他經過廟街，有人說他面上有瘤，可以幫他除，收他 100 塊！他那麼蠢，如不給人騙財，真是沒天理。」

阿叻：「那時我們的人工才 400 塊，他給別人 100 塊脫瘤，那不是現在的 100 塊啊！」

阿倫：「我當時去打工才賺 280 塊！」

如上文所述，溫拿成員其實是很關心阿強的，當然也會擔心和不甘他被騙！上世紀 70 年代的 100 塊不是小數目，還要是在廟街脫瘤，回來怎麼會不被罵呢？

【語錄二十一】

健仔：「我們會有六十周年的。」

阿叻：「嘩！那麼辛苦？」

阿倫：「那是一甲子。」

阿叻：「如果這樣就是世界紀錄。」

健仔：「不如我們開『溫拿花甲演唱會』。」

樂迷當然希望溫拿如健仔所說的一直唱下去，哪怕是百歲演唱會，大家也一定支持，只是如阿叻所說，溫拿各人早已樂於享受人生，不再為工作而勞碌，因此樂迷一定要珍惜他們的演出啊！

【語錄二十二】

阿叻:「無論如何,最後都要給阿強說幾句。」

阿強:「我覺得呢……我們自己每人講一個這些出來,就知誰是不好的。嘻!」

(全部人頓時滿頭問號)

阿叻:「真的貫徹了各人的性格……」

健仔:「你還是回澳洲想好才說吧!」

隊員常說移居澳洲的阿強多見袋鼠少見人,每次回港都給人活像樹熊的感覺,其實樹熊不只反應緩慢,也受他人保護和喜愛的。

【語錄二十三】

訪問者:「葉先生可以唱歌嗎?」

阿強:「廣東的,一呀葉……」

訪問者:「是廣東戲嗎?」

阿倫:「粵曲,其實今天他已經很活潑了。」

訪問者:「他現在這樣叫活潑?」

阿倫:「我幾十年沒見過他這麼活潑啊!」

訪問者:「他連在香港也是不說話的嗎?」

阿倫:「不說話,打雷也不說話。」

訪問者:「葉先生,你從來都不想在演唱會唱歌嗎?」

阿強:「唱呀,唱 rap,在香港。」

訪問者:「他唱 rap 嗎?跟得上節奏嗎?」

阿強:(即席 rap)「今晚我就想講吓歷史/十幾年前就搬咗去珀斯/日日如是就無所事事/得閒就淨係睇吓電視/都唔知為乜/都唔知

為セ／一於走埋就去夾 band！」

訪問者：「我要哭了！」

阿強在這次訪問的表現實在驚人，誰想到他會當眾表演說唱，而且透過表演訴說他移民
澳洲的心聲，真是史無前例，也不知樂迷有沒有機會看到他現場 rap 一曲呢？

【語錄二十四】

訪問者：「演唱會可以唱多少歌？」

阿倫：「大約 40 首至 50 首。」

訪問者：「如果安哥是否可以唱更多？」

健仔：「可以唱大概 100 首。」

阿倫：「欸，不要亂講，不要亂講那麼多。」

阿 B：「太誇張了！」

如果讀者有機會跟溫拿相處，就可知道他們的演唱力實在驚人。他們可以在任何空檔，
歌接歌的不斷唱，要連唱 100 首歌絕非難事，只是演唱會有時間限制，所以阿倫和阿
B 就不許健仔說得太盡情了。

【語錄二十五】

健仔：「我們當時很喜歡模仿外國的樂隊，如果學到八成相似，我們
已經很開心。」

阿倫：「當時很受 Beatles 影響，因為差不多每隊樂隊一開始都玩
Yesterday、*I Want To Hold Your Hand*、*A Hard Day's Night*，由
這些音樂開始演變出來，所以早期的 Beatles 就是我們的偶像。」

上世紀 60 年代開始，The Beatles 掀起了全球「披頭四狂熱」，被譽為史上最具影響力的搖滾樂團，喜歡流行樂的溫拿樂隊當然也深受影響，並以 The Beatles 的成就為奮鬥目標。

【語錄二十六】

阿 B：「當時有隊 band 名叫 Three Dog Night，我們覺得很有型，健仔就去電那樂隊成員的髮型，電到似一個地拖！漸漸我們的鬆糕鞋也由兩吋變四吋。」

Three Dog Night 是上世紀 60 年代於美國成立的搖滾樂隊，成員 Danny Hutton 的髮型鬢厚蓬鬆，就是健仔當年想模仿的形象。後來溫拿五人的造型非常相似，都是曲髮、喇叭褲和鬆糕鞋，亦成了年輕人的模仿對象。

【語錄二十七】

陳友：「阿叻的媽媽真好，我都不明白為什麼可以忍受我們那麼嘈吵。我每天放學去他家打鼓兩小時，樓上掉了一個甕缸下來！那天很厲害，整個石棉瓦頂突然轟一聲塌了！」

健仔：「那時沒隔音，他日打夜打，很令人討厭，所以掉一個甕缸下來。」

陳友：「屋頂破了，然後有陽光照進來，滿地是泥。」

阿倫：「滿地石棉。」

陳友：「站前少許我就會死了。」

溫拿成名之前，為了追夢，天天練習。當時沒有隔音設備，陳友打鼓，鄰居一定也過了不少吵耳難熬的日子。高空擲物是真的，陳友逃過一劫也是真的，當天照進屋裏的陽光，

就像預示了溫拿日後在樂壇大放異彩，光芒四射！

【語錄二十八】

阿倫：「有家長說，仇人有兒子，只要推進阿叻房間就可以變壞。」

阿叻：「這是健仔的爸爸說的。」

阿倫：「不要這樣，不要說出來。」

阿叻：「你告訴我要說真話的。」

不少家長都擔心子女學壞，相信溫拿的家人都曾擔心兒子組樂隊的前途，誰想到當年在阿叻房中練歌的小伙子日後都有輝煌的娛樂事業，如果溫拿五人從沒走在一起，香港樂壇的發展也要改寫，亦不會有溫拿傳奇了。

【語錄二十九】

阿倫：「溫拿都是 harmony 方面取勝。很多人都知道我、阿 B 和健仔三個人的聲音很 close。我們的默契好，高低音、轉音全部都很齊，是我們最大的優點。」

樂迷都曉得，溫拿樂隊的和音唱得很出色。阿倫和阿 B 是主音，但其實他們都愛唱和音，而且曾用心跟老師學習。天生聲線很夾的五人，對和唱的要求也很高，陳友就曾笑言阿倫和阿 B 不許他開聲唱，怕影響了全隊的嗓音。

【語錄三十】

健仔：「溫拿那時候是模仿，沒想過作曲。其實我們知如何作曲，但怕被人笑，很膽小。後來有一個自己樂隊的節目名《溫拿周記》，一

定要有主題曲，不能拿別人的歌來充當，不如自己作。我記得那次就慘了，4點回到 disco，每人拿着一件樂器，最初很積極，五個人雄心勃勃。過了一小時，沒有東西作到出來，接着阿倫與陳友去了捉波子棋，阿強又出外買薯條吃。由於第二天要交歌，我就拿着結他隨口唱了一句，阿B立刻過來讚好，而且說沒有其他歌的影子，於是全部人圍在一起，你加一句，他又加一句，就成了溫拿的主題曲《玩吓啦》。」

溫拿有一首名曲是《齊心就事成》，他們合作無間，能一起創作、演唱、拍攝和成就夢想。《玩吓啦》是反映溫拿早期音樂風格的代表作，也能反映上世紀70年代年輕人的生活壓力和想活得快樂無憂的心態。此外，當遇到「創作瓶頸」的時候，他們亦真的會用「玩吓啦」的方式釋放壓力，包括捉棋和進食，孩子氣得來非常可愛。

【語錄三十一】

健仔：「其實夾band最主要是先夾人，人的性格是很難搞的，人的性格合得來，知道各人的喜好，接着就夾音樂。其實夾音樂也很難，每首歌選回來，大家演繹的水平要一致，如隊員中有人水準比其他人高，自然想選適合自己玩的歌，自己掌握得到，其他人彈起來不順，整隊就有問題出現。」

健仔雖然在隊員心目中是思想最簡單的一人，但「夾band先夾人」這話真可謂至理名言！溫拿各人除了都有非凡的音樂造詣，他們的性格相近，能互相配合，也是培養默契與賴以成功的關鍵。

【語錄三十二】

陳友：「酒是老的好，歌是老的好，人是資深的好。」

阿倫：「因爲他老了。」

阿倫的名言是「年年廿五歲」，溫拿隊友當然也是年年二十五！然而，他們也會常常以年歲來開玩笑，有時也會笑陳友年紀大和耳背。隊友情如手足，彼此當然不會介懷，而且也會進行反擊的。陳友是電影創作人，他的精句着實不少，以酒、歌和人的資歷類比，就能凸顯成團 50 年的可貴。

【語錄三十三】

阿倫：「溫拿『贏的格言』：看得開，看得準；懂得應對，懂得應變；有小聰明，『唔贏就是贏』」。」

這一條是本節的「彩蛋」，因為是阿倫得知筆者在搜羅溫拿語錄時來電提供的。筆者在電話中跟譚校長戲言，會將他們精警的說話都收錄在這本「贏」中（因粵語「書」和「輸」同音，所以重彩頭的人就會用「贏」字代替「書」字），怎料校長眞的來電問筆者，是否眞的要將《溫拿 50》稱為《溫拿贏》，弄得筆者啼笑皆非！接着校長告訴筆者溫拿一向怎樣看輸贏，他們樂觀積極，加上在娛樂圈日子久了，積累了許多社會和人生經驗，早已懂得笑看輸贏，甚至視「唔贏」也是贏，只望盡心盡力為觀眾帶來快樂。

溫拿給樂迷的話

I. 譚詠麟：

感激樂迷多年來對溫拿不離不棄，亦多謝你們能夠在溫拿的氣息下共同呼吸。希望明白我們、愛護我們的人都知道，溫拿五虎「生於斯，長於斯」，是地道的「香港仔」，會永遠與香港一起前進。

II. 鍾鎮濤：

天下無不散之筵席，我們年紀大了，所以想趁現在開開心心地開告別演唱會，多謝樂迷歷年的支持。希望溫拿有機會再為大家唱歌，但不會是商業演出。我們生於香港，如果這裏有需要，我們也可重聚作慈善表演的。許多人不相信我們真的推出告別作，但事實上溫拿成員已各有目標，阿倫喜歡在大型場地表演、陳友喜歡爵士樂、健仔想栽培新人、阿強回歸平淡，而我能看着下一代成長就已很開心滿足。

III. 陳友：

感謝樂迷多年來不離不棄，一直支持我們。希望你們由做溫拿歌迷到成為朋友，連吃飯也約在一起的，能友誼永固、身體健康。人生就是這樣，大家有緣份才可走在一起。那麼多年，我們在台前，你們在台下，若沒你們的支持，我們也不會那麼開心；我們若不開心，大家也不會有那麼多歡樂，所以我盼望樂迷之間的互動可以持續下去。許多事情，計劃是追不上變化的，到我們這年紀，還可以在舞台上跳多少場呢？在這時候告別是正確的。人生有很多事情難以定論，劇本不是出於自己的手，是上天寫的。

IV. 彭健新：

我們多年來儲了一大群忠心的歌迷，真是很多。其實每天在街上，許多人看到我們都會大叫：「哎呀！溫拿，溫拿！」大部分與我們差不多，年紀也不輕了，所以我們若宣佈解散，樂迷一定會不捨。天下無不散之筵席，掛念時可以回看從前的片段，或者回味我們過往的演出，若看到隊員以個人姿態演出，就當是我們整個隊伍出現，繼續捧場和支持吧！許多事情是沒法預料，可能若干年後，我們會重聚，只是世事也說不定。在我心目中，我是很不捨，要說解散，亦很難過，我們五個人其實也很難過。

V. 葉智強：

縱然說是「告別」，但日後有慈善或具意義的場合，我們都可以走在一起，所以跟樂迷不會永遠不見，大家不用太傷感。

Chapter 6
別人
眼中的溫拿

I. 張國忠

藝能娛樂集團創辦人、著名電影監製、溫拿樂隊經理人

交情始於 Downtown

溫拿樂隊在灣仔 Downtown 酒吧工作時，我已認識他們。那時我開始參與有關音樂的工作，所以當溫拿開始走紅，要接商演，就是我負責幫他們找代班，加上大家年紀相若，因此變得熟絡。

兄弟班每五年重聚的約定

我正式加入娛樂圈時，溫拿已經拆夥。當時我擔任阿倫的經理人，也是電影監製，跟溫拿可說在圈中一起成長。眼見溫拿最紅的時候拆夥，香港少了一隊有實力的樂隊，如不重組演出實在可惜，於是建議他們舉行十周年紀念演唱會。當時的老闆表示支持，認為觀眾可以再欣賞溫拿演唱會是值得高興的事，於是我就嘗試跟他們討論，大家也覺得可行。自此我當了溫拿樂隊的經理人，一直是感情要好的兄弟班。十周年紀念演唱會後，我們覺得重聚演出既可傳承他們的音樂，也可帶動組樂隊的風氣，所以就作出了每五年重聚的約定，

直至現在，可惜早前因疫情令計劃中斷。

有話直說的經理人

合作多年，我們的相處一直很開心，說話可以非常直白，有什麼意見就直說。作為經理人，我的立場是說真話，最難亦是要跟藝人說真話，但奉承是沒意思的。溫拿很調皮，不過我跟他們很接近，彼此沒有距離，他們也知我不會說謊，很信任我。我會時刻關注市場與觀眾對他們的看法，也要思考適合溫拿的表演方式，所以他們有做錯或做得不好的地方，我不會隱瞞，這是我的專業操守，大家早有共識。如果他們想作新嘗試，我是願意的，但整體上對溫拿不好的安排，我會堅持不允許。

古靈精怪的溫拿

現在的溫拿成員跟 70 年代的他們相比，當然有年齡上的分別，那是無可避免的。然而從好的方面來看，阿倫和阿 B 的演唱技巧極為純熟，領域高了許多。性格方

面，五人沒有變化，我相信他們是不會變的了，真是「三歲定八十」。只要他們走在一起，就有許多古靈精怪的事情，例如出埠登台，午餐商量吃什麼，阿B說日本菜，阿倫就提議吃西餐，而健仔又說要飲茶吃點心，他們就是喜歡這樣鬧一陣子，然後我就曉得不要再問他們，改發零用錢，讓他們自行決定，那就能解決問題。他們不會為工作吵架，但聚在一起就會像回復少年時代，互相嘲弄，產生很多化學元素。其實他們各有不同性格，友誼可以維繫那麼多年，是一個異數。溫拿是香港唯一可以跨越50年的樂隊，從沒換人，又能互相體諒，堅持了數十年，實在難能可貴。

童心未泯的真朋友

如要分析各人的優點，阿B的音樂造詣是最好的。他創作力強，彈樂器非常了得。健仔專注彈結他，多年來技術都沒有退步。阿倫的聲音好，歌受歡迎，而且演繹技巧有很多變化。陳友最具生意頭腦，雖然他經營的生意不一定成功，但主意多，創作方面有他的獨到之處。阿強是最沒所謂的人，跟大夥兒行動，與世無爭。溫拿五人現在仍童心未泯，會像小朋友般互相捉弄，跟他們開會是很辛苦的，因為他們不正經，喜歡聊往事，不過工作時就會變得認真。我從沒見過他們吵架，感情真的很好，例如阿B在人生低潮的時候，他們都鼓勵和一致保護他，是真正能夠互相扶持的朋友。

合作多年，我見證溫拿是很奇特的樂隊，明明在互相嘲弄，但開始工作就很認真，能發揮溫拿精神。他們是一個整體，每名成員都很重要，少一個已是缺陷，就不是溫拿。技術上他們不是最top的，但在

我心目中，他們是最好的 performance band，是擅長表演的樂隊，不是太多音樂人可以有這方面的能力。

是時候告別

本年（2023 年）在時間上是適合溫拿舉行告別演唱會的，趁大家還有好的光景，行動自如，可以做個好的演唱會給觀眾。我不希望他們告別的日子會呈現疲態，現在五人仍齊齊整整，可以給觀眾留下好印象，如果再多等數年，情況可能已不一樣。

當網絡與多媒體越來越發達，經理人的工作壓力就會隨之增加。一般歌迷與影迷會受許多無謂的訊息影響，網絡上流傳的往往真假難辨，這亦促使我今年為溫拿舉行告別演出。因為整體回憶可能很快已不是從前那回事，數年之後，受網絡影響的世界會變成怎樣也是未知之數。

溫拿在華語樂壇經歷了那麼多年，辦了多

次演唱會，技術上什麼都嘗試過，而紅館卻仍是昔日那個紅館，因此這次演唱會最重要是給歌迷感受到誠意，讓喜歡音樂的人去聽演唱會，重視聲音，而不是單看演唱會的花巧。溫拿是非常有默契的樂隊，主音和音也出色，teamwork 是很厲害的，這就是賣點。此外，我認為不同年齡層的人也需要娛樂，大家都想和諧開心，希望藉娛樂回憶人生美好的時光。最近十年全球經歷了許多不同問題，我相信人們會重新曉得珍惜與知足，而喜歡華語流行音樂的觀眾也會因而想重溫「溫拿好時光」。知音者就是知音者，溫拿的觀眾層面廣，中年或以上的人會明白，開心的回憶千金難買，如果藉演唱會可以重溫成長階段的快樂和情懷，相信不少人會支持，正如無綫的節目《中年好聲音》大受歡迎一樣。事實上許多朋友也常追問我溫拿重聚演唱的日期，想預留門票，可見大家也沒忘記溫拿。我們會將溫拿最好的一面呈現出來，盼望觀眾入場後會珍惜溫拿的告別演出，大家明白與體諒溫拿想趁適合的時機，為觀眾留下美好的倩影。

告別不是宣傳口號

以香港為首站的溫拿演唱會不是一個純粹的宣傳口號，因為我們決定完成香港站後會作巡迴演出，然後就不會再有商演。他日香港有需要溫拿重聚演唱，我們會再考慮，但一定不會是商業上的考慮。

相信與溫拿一起成長的樂迷，心中難免不捨，演唱會也一定有傷感的場面，但同時也應替溫拿感到開心，因為樂迷亦不會想偶像為工作而太辛勞。

功成身退

做完溫拿 50 周年「Farewell With Love」演唱會後，我可算功成身退，畢竟堅守了數十年，我亦想開心圓滿地結束有關溫拿的工作。我相信溫拿不會放下音樂，私下仍會夾 band，部分亦會繼續音樂事業，生活仍然會很充實。

藉着溫拿的告別，我想寄語音樂同行，要多放時間在每首歌的旋律之上，因為有好的旋律才會有好詞，也才會有好歌，正如演唱會都應定好曲目才考慮舞台效果。近 20 年大家追求多了編曲或其他花巧的要求，但製作不是人有我有，必須回歸基本，才可讓香港樂壇繼續進步。

II. 陳百祥

著名藝人及主持、溫拿前身 Loosers 樂隊成員

溫拿的前身 The Loosers

溫拿樂隊的前身是 Loosers，沒有阿 B，成員包括阿倫、健仔、陳友、阿強，再加我兩兄弟（陳百祥、陳百燊）。我們名 Loosers，因為去看比賽時在地上拾到一張報名表，上面寫着這名字，但原本那隊可能不敢上台參賽，於是我們就拿來試試，想不到入了圍。

1970 年，我們贏了一個比賽，進了無綫電視，錄影一個名為《Starshow》的節目。做完那個節目後，我覺得有點辛苦，因為六個人分一份酬金，金額很少，所以我決定從商，阿倫就去了新加坡讀書，Loosers 因而解散。年多之後，阿倫回港，加了阿 B，成為溫拿。其實 Loosers 在酒吧工作時，我們已認識阿 B，全部人也是十多歲就相識的。

The Loosers 的光輝歲月

Loosers 第一次參加比賽輸了，因為阿倫說由他獨唱，所以就輸。接着的比賽我有份唱 *Call On Me* 才贏，那個比賽名「星島業餘歌唱比賽」。此外，我們也參加了由泰迪羅賓做評判的「Beach Festival」，那次我們要唱數首歌，我和阿倫都有唱，還贏了冠軍，自此就有機會入電視台錄影。

Loosers 可以在比賽勝出，因為我們英俊與唱功了得！我說笑罷了，其實因為參賽時大家常常在我家練習，加上我們每晚在酒吧工作，某程度是具職業水準的。半職去參賽的我們，當然會比其他無法常常練歌的隊伍有優勢。

我們出道的時候流行長髮，我們就留長頭髮，流行什麼服飾就穿什麼，不太特別注重造型，因為我們都要養家和養自己，有給家用的。當時有 400 元人工，已算不俗，那時做警察也只是 380 元人工，我也因為這樣才儲到第一桶金做生意。

與阿倫患難見真情

我沒夾 band 後開了一間加工廠，由只有
六部衣車開始做起，數年後開了幾家製衣
廠，頗成功，有數千工人。可惜始終年紀
輕，欠經驗，後來生意失敗，要宣佈破產，
帶了一批貨尾的德國製雨衣去中東當大衣
出售。破產的時候，我需要向破產管理處
清還一筆債務，是阿倫出手幫忙，將他打
算買樓的首期借給我，可見我們的感情很
好，自小就互相照應。

五十年不變

溫拿成團後，我覺得沒有了我這個主音，
他們才能走紅，否則就只會得我一個紅起

來。哈哈，這也是說笑！我現在仍喜歡唱
歌，也有大熱的歌曲《我至叻》，但就不
想以唱歌為職業，只想娛樂自己。

在我眼中，由 60 年代至「九七」回歸前，
溫拿無疑已成就了香港樂壇一個傳奇，沒
有另一隊樂隊可以像他們一樣屹立不倒，
別的早已解散或多次更換成員，但他們真
的沒有改變。

此外，溫拿成員彼此之間真的沒有計較，
由 Loosers 開始，無論誰當紅，賺來的錢
都會平均分，溫拿時期也一樣。我還記得
上電視的薪金是 150 元，但要六個人分，
每人只有廿多元。

溫拿勝在形象健康

六、七十年代，雖然組樂隊的風氣盛行，
但一般人或多或少都會覺得「band 仔」
有點壞，有夜生活，也可能會吸毒。不過，
溫拿全隊非常健康，只專注音樂，所以得
到幕後工作人員和觀眾的欣賞，那時沒有

其他樂隊有那麼多演出機會的。

多年來，溫拿各人的性格都沒有改變，就連髮型也沒變！我和他們至今都沒有脫髮，可能因為大家也不愛用腦，不思考，「天跌下來當被冚」，沒太大憂慮，覺得金錢賺多賺少也是天意，每天只會想有什麼好玩的，所以開心快活。

溫拿不應退休

其實許多人以為溫拿樂隊早已告別樂壇，所以我覺得他們十多年後仍會繼續說告別。他們根本沒必要退下來，因為他們不老，又能唱，又有人願意購票聽他們的演唱會，應該退而不休，他們現在又欺騙觀眾。平日沒錢他們也喜歡唱歌，何況現在有錢，而阿倫又那麼喜歡錢，哈哈！

對於今年他們宣佈告別，我會祝他們青春常駐、長命百歲！希望他們繼續開演唱會，直至沒有人想買票為止。他們不演出，生活一定不會像現在般開心，一直唱下去才會快樂的。

III. 陳秋霞

著名歌手及演員

初出茅廬的女歌手

我認識溫拿，因為我們跟同一位經理人合作。求學時的暑假，我參加歌唱比賽，後來有機會錄影孫泳恩主持的電視節目《節奏》，被我的經理人梁柏濤發掘，想跟我簽約。家人知道他是溫拿樂隊經理人，覺得可信，於是就讓我入行。

我跟「好時代」公司簽約後，某天經理人說要帶我去見大明星溫拿樂隊。我仍記得那是 1974 年年末，約了在北角一間酒樓午餐。那天第一次跟溫拿見面，我很開心，也很緊張。

難忘的叉燒包

當天我們吃點心，但我沒吃太多，因為點心一上桌就會被溫拿五人搶光，我能有個叉燒包吃已很好，聞說阿 B 還有一次吃 21 個叉燒包的紀錄！溫拿很貪玩，每次有點心來，他們就爭相在點心上噴口水，然後將一籠又一籠食物據為己有。我很害羞，不夠他們搶的，後來為了適應跟在他們周邊的生活，也學識了手快搶吃。然而，溫拿只是愛玩，其實他們很有風度，令人着迷。那天午餐後，阿倫還駕車送我去北角碼頭，因為我住在觀塘，要乘渡輪回家。

溫拿帶着表演的女歌手

入行初期，經理人安排溫拿帶着我四處演出，吸收經驗。他們開演唱會，就會安排一個環節給我獨唱兩首歌。有那麼好的機會與偶像級歌手同台，少不免會惹來一些溫拿樂迷的妒忌。那時唱片公司的辦公室在銅鑼灣，藝人會回去傾談工作日程，於門外就會看到有人貼了罵我的字條或在我的照片上塗鴉，有時出場表演更會聽到一些喝倒采的聲音。然而我明白必須從中學習，要努力好好表現自己，向觀眾展現實力，以求盡快獨當一面。不過，有時認得出是溫拿的樂迷來等偶像，我會避忌，刻意遠離一點。縱然要面對這種壓力，但能夠與溫拿一起成長，真是非常幸運。

內斂變活潑

跟溫拿的難忘回憶有很多。我第一次在電
影客串，就是他們主演的《大家樂》。那
場戲我沒對白，只自彈自唱《點解手牽
手》，拍完就要趕往機場，去日本參加流
行歌曲創作比賽。那時沒有太多資源，我
帶去參賽的衣服就是在《大家樂》中穿的
那條粉藍色裙子。

有一次去馬來西亞登台，機場很多歌迷，
我們很困難才能上車，而且是陳友一手拉
我上車的。那只是一輛五人車，所以我差
不多要前後腳伸直，像一字馬般橫跨前後
座才能擠進車廂，但如果我上不到車，後
果也不知會如何，真的非常驚險。

跟溫拿出埠工作，他們會在酒店的走廊玩
得很瘋，甚至說要去裸跑，但不知是否真
的有那麼做。他們又會嚇我，說夜裏酒店
有鬼，也真的曾有茅山師傅來過驅鬼，但
我沒親眼見到。與愛玩的溫拿相處久了，
原本屬於憂鬱內向型的我也逐漸變得活潑

開朗起來。

一起成為唱作歌手

70年代許多樂隊都是以搖滾風為主，但
溫拿的歌曲和表演很多元化，外表英俊又
活潑好動，更有自己主持的電視節目《溫
拿狂想曲》，因此可以吸納很多觀眾。他
們的樂迷層面廣，三歲至八十歲都可以喜
歡他們的歌曲。

我們最初都沒有想過可以自己作曲，因為
大家都是翻唱英文流行曲。幸好有前輩的
鼓勵，例如霑叔（黃霑）在電影《大家樂》
中寫了許多中文歌，讓我們知道可以寫適
合自己的作品，而唱片公司也願意給予機
會，因此我和溫拿才會成為唱作人。

溫拿會鼓勵我聽許多自己沒接觸過的歌，
例如 *Bohemian Rhapsody*（《波希米亞
狂想曲》）。我們會細心研究每首歌的音
符、旋律和結構，思考為什麼外國的流行
曲可以有那麼大的格局和變化。我們會一

起討論，因為大家都希望透過自學、探索
和研究，令自己的音樂水平可以有更大的
進步。

人生，活得開心。

他們應只是形式上告別

直至現在，我還不覺得溫拿想告別樂壇，
也不大相信這事。可能他們只是形式上的
告別，內心是不會告別的。他們五人感情
那麼深厚和長久，歌迷也會不捨，如我一
樣，會把他們永遠放在心中。

我與溫拿的友誼已有數十年，許多事情大
家也心裏清楚。記得有一次與阿倫去北京
工作，期間他的父親離世，我在飛機上握
着他的手，沒有刻意說安慰的話，只要一
個動作，朋友間就會明白是彼此的支持。

我衷心祝願他們可以按自己的想法向前
走，不論音樂或家庭方面，像阿倫常掛在
口邊的一句話：「唔好畀佢停」。樂迷會
珍惜他們歷年來帶給我們的正能量，也希
望他們不論是否留在幕前，也要過理想的

IV. 何麗全

著名香港資深電視人、無綫電視星夢娛樂集團總裁

見習編劇遇上溫拿

1977年，我在無綫電視（TVB）的編劇訓練班畢業，進入了電視台當見習編劇，第一個加入的組別就是溫拿樂隊主持的《溫拿狂想曲》，負責創作趣劇和笑料。

那時溫拿樂隊已大受歡迎，每次錄影都有大量歌迷捧場。我能夠和他們一起工作，當然很開心，尤其五名隊員都是好玩的年輕人，所以令整個錄影廠的氣氛也很好。

然而，溫拿始終是樂隊出身，那時還未算專業演員，因此不熟習戲劇演出，走位會出錯，有時又貪玩，場務未能叫停他們時，監製吳慧萍就會在控制室開咪責罵，然後他們就立刻聽話，待錄影結束又繼續玩。溫拿的工作態度其實很好，只是初期對電視台工作感到陌生，所以才會被罵。

各有才華　無分高下

他們的形象很鮮明，給我的印象也很深刻。最愛說話的是阿倫，阿B就高大英俊，常常負責唱歌。健仔很喜歡說笑，陳友則可說是溫拿的幕後策劃師，因為喜歡思考和度橋，所以後來當了電影導演和策劃。編劇為《溫拿狂想曲》寫的笑料，他也會提供意見，展現出創作方面的才華。

溫拿成員之間的感情很好，雖然阿倫和阿B較受歡迎，但兄弟間沒分高低，總是互相支持和關心。《溫拿狂想曲》過了一段日子，他們分開獨立發展，兩名主音去了台灣拍電影，那時我與陳友的交往較多，因他來無綫電視做藝員，加入了《歡樂今宵》，而我剛巧又進了這組別，所以會常常見到陳友。

陳友離開電視圈，轉戰電影行業，其時我則與健仔的來往較多，因為我們有共同朋友，會約出來吃飯、喝酒和聊天，而在很多電視台的演出活動，也會看到健仔是表演嘉賓。

我覺得溫拿真的很厲害，因為50年來也沒

什麼轉變，性格仍是一樣，每次聚在一起就會回復從前的樣子，大家嘻嘻哈哈，聊飲食和嗜好，好像數十年沒分開過一樣。

形象健康　全無架子

溫拿能成為受歡迎的歌隊，自有其原因。70年代適逢香港粵語流行曲熱潮，他們中英文歌也能唱，選的歌旋律容易入耳，可以適應觀眾的口味。此外，他們的性格很貼近學生，年輕人覺得親切，而且形象健康，沒不良嗜好，更散發陽光氣息，所以家長都放心子女追捧溫拿，連政府主辦的文娛活動都找他們表演。

由於溫拿沒有巨星架子，他們跟幕後工作

人員的相處都很愉快。例如我接觸最多的阿倫，他是「最受歡迎男歌手」，但很貼地和平民化，每次工作後也會隨工作人員一起吃飯，而且不介意吃飯的地點，哪怕是大排檔，只要有美食的地方就樂意前往。他對每個人都很尊重和客氣，工作人員可直接與他溝通，不會高高在上，所以大家跟他合作的感覺都很舒服。

最近溫拿拍攝無綫電視的音樂特輯，有些初入行的工作人員不敢接近他們，但拍攝開始後不用半小時，台前幕後就熟絡起來，大家寓工作於娛樂，還玩得很開心。溫拿在樂壇有崇高地位，但他們不會要求很大的排場，阿倫、阿B都喜歡簡單，非常隨和。正如近期開工作會議，阿倫還專程去著名的食店買「魚片頭」給大家品嚐，當我們是朋友，不會如一些天皇巨星般跟他人保持距離，有偶像包袱。

祝願溫拿享受黃金歲月

得知溫拿樂隊有告別樂壇的決定，我尊重

他們，因為畢竟他們已組成 50 年，也陪
觀眾走過了漫長的友情歲月。然而就我個
人而言，是不捨得的，因他們精力充沛，
仍很活潑，例如陳友成立了錄音室，又喜
歡出海，我見他從早至晚也多姿多采，所
以其實溫拿是可以繼續演出的。我認為告
別只是一個名詞，溫拿以後仍可以個人身
份在樂壇有精彩的前路，亦可以不同的組
合形式表演。

全世界哪有樂隊可以紅足 50 年？不過我
明白溫拿是想選擇在仍受歡迎的時刻為演
藝歷程畫上句號，最重要是他們可以過自
己喜歡的生活。他們一點也不老，未來仍
然可以享受黃金歲月，祝願他們玩得更開
心，活得更快樂。

V. 馮添枝

著名唱片監製及作曲家

課餘自學樂器的時代

上世紀 60 年代，香港很多年輕人自學樂器組樂隊，而且會叫自己的兄弟姊妹加入，因為一個人是無法組 band 的。那時我有一位中學同學見我自學結他，表示很有興趣，於是我就去他家教他。他的弟弟看着我們玩，說想打鼓，剛巧我弟弟有一套鼓要出讓，於是他就買了回家自學，那人就是陳友。

有天陳友跟我說，他跟朋友在天后的電氣道練歌，我去了參觀，在一層大廈的閣樓天台，還遇到健仔和阿強。此外，有一名歌手，唱英文歌的，那是阿倫；另外有兩兄弟，很健談的，就是陳百祥與陳百燊，各人的外形也不俗，這幫朋友組的樂隊名叫 The Loosers。

經理人推薦簽約寶麗多

後來 The Loosers 解散，重組後改名 The Wynners，參加歌唱比賽贏了冠軍。他們的經理人是 Pato Leung（梁柏濤），推薦這樂隊來我擔任監製的「寶麗多唱片」簽約。由於當年我是公司唯一的監製，所以順理成章監製了溫拿在寶麗多旗下品牌「菲利浦唱片」出版的首張專輯。他們第一首歌 Sunshine Lover 是在 EMI 錄音室錄的，效果十分好。自從他們上電視節目後，唱片公司目睹溫拿的歌迷人數激增，於是乘勝追擊，推出第二首歌 Sha-La-La-La，同樣大受歡迎，奠定了溫拿在樂壇的位置。

我跟歌手簽約，最重要是看潛質，要有觀眾接受的外貌、獨特的音樂天份，還要求對方有心在樂壇發展。當時只有數家公司會跟本地歌手簽約，而寶麗多第一個簽約的本地歌手就是許冠傑。

溫拿在那時期是香港第三代的樂隊。第一代是以外國人為主的，第二代開始有華人參與，如 Philip Chan（陳欣健），但全屬業餘。直至 1967 年，「鑽石唱片」為 Teddy Robin and the Playboys 出版首張

專輯 *Not All Lies!*，樂隊音樂開始風靡全港，接着掀起了連串的樂隊潮流，而溫拿樂隊就是受這熱潮影響而組成的。

親民的青春氣息

溫拿成為偶像，因為他們各人有辨析度，而且青春氣息強。他們有獨特的 band sound（音樂形象），不是一般樂手的演奏般四平八穩，卻有親民的感覺，尤其他們在舞台上的表現比排練時還要好幾倍，表現力實在比其他樂隊優勝，因此有吸引樂迷的條件。

港樂市場局勢轉變

70 年代末，香港粵語流行曲興起，由於許多樂隊以唱英語改編歌為主，因此要改變歌曲路線才能留在市場。溫拿樂隊主演電影《大家樂》，原聲大碟大部分是黃霑寫的廣東歌，由溫拿主唱。後來黃霑有個電視音樂節目，邀請跟他有淵源的歌手出鏡，他希望我替溫拿寫兩首中文歌在節目中發表，於是我為他們創作了《友情相關照》與《這首歌》。此外，我還為溫拿寫了另外兩首粵語歌，一首是電影《大家樂》的歌曲《齊心就事成》，另一首是 1983 年出版的《陪着她》，都是適合樂隊演繹的歌，需要主音與和音，後來也成了溫拿的經典作品。

80 年代開始，Canto Pop 進入發展的黃金時代，市場潮流變化，主要唱英文歌的樂隊式微，溫拿也於受歡迎的時期解散，隊員開始獨立發展。這開啟了溫拿隊員事業的新時代，阿倫、阿 B 和健仔推出個人專輯，歌曲大受歡迎，陳友則轉戰影壇，有出色的電影製作，他們在歌、影、視三方面都大放異彩。

發自內心的音樂

溫拿本年宣佈告別樂壇，其實樂迷不用過份感到可惜，因為他們除了阿強外，仍會留在音樂行業工作，可以繼續表演。一隊樂隊可以組成 50 年，是難能可貴

的，對樂迷亦有所交代。告別是象徵式的意思，溫拿對音樂的熱誠發自內心，他們熱愛音樂的心不死，個別隊員仍會在樂壇有活躍的表現，溫拿的 music signature 依然存在。

隨時隨地繼續玩音樂

溫拿各人除了外貌與待人接物的態度成熟了外，他們的性格和與生俱來的音樂感多年不變。我預祝他們的告別演出成功，希望演唱會可以滿足不同階段歌迷的期望。不再演出不代表遠離音樂，不一定要在幕前才可以一起玩，喜歡音樂的溫拿其實隨時隨地仍可以繼續夾 band 的。

VI. 陳永鎬（Peter Chan）

著名演唱會監製

適應市場需求的樂隊

80年代開始，我替阿倫監製演唱會，其後也多次負責製作溫拿的演唱會。香港上世紀雖然一度有組織樂隊的熱潮，但不是太多組合可以發展至有能力開演唱會的。例如我幫許冠傑辦演唱會，他的樂隊 Lotus 也有上台演出，但名義上仍是許冠傑演唱會，但溫拿樂隊卻能夠讓樂隊成為演唱會的品牌。

溫拿在芸芸香港樂隊中成就突出，因為他們能適應市場的需求。最初樂迷聽樂隊音樂，大都是翻唱外國的英文歌；隨着社會經濟起飛，市民對娛樂的需求增加，觀眾就追求有本土情懷的粵語流行曲，而溫拿既可唱英文歌，亦可唱中文歌，這就是他們的過人之處。此外，樂隊形象青春，又有兩名合作得很有默契的主音，在演繹樂隊音樂時會更加出色，因為可兼顧二音部分，加上溫拿在不同年代一直有新產品推出，因此在樂壇數十年可以有驕人的成績。

尊重別人的溫拿

我監製的演唱會超過1,000場，合作的歌手也數不清有多少，跟溫拿樂隊合作是不會感到困難的，因為他們很尊重別人，也很尊重我。意見不同的情況肯定有，例如不少歌手都想演唱會包羅萬有，但其實時間有限，應該有明確的主題，然後就主題選歌曲和設計環節，歌曲的演出次序亦會影響現場的氣氛。溫拿在這方面是會聽我意見的，他們知我本身有組樂隊的經驗，也因為工作需要，見過不同類型觀眾的現場反應，所以會接納我的建議，也明白我的角色是要讓歌手透過舞台設計和特別效果呈現歌曲的畫面，並要控制演唱會的節奏，讓觀眾有最佳的享受。

Farewell 不代表要傷心痛哭

溫拿告別演唱會的主題是「Farewell With Love」，我認為氣氛不用太傷感，只要能感動觀眾就可。我希望透過這次演出呈現溫拿最真實的一面，而且不用着力回顧

太多往事，因為歌迷已很熟悉他們的過去，大家應積極向前看。我會着力提升演出的格調，自然地表現溫拿各人的性格，並重視音樂質素、歌曲編排與演出效果，開場和結尾也有特別設計，是只有溫拿這殿堂級樂隊才合適的安排，務求讓他們以華麗的身影告退，讓人留下美好的回憶，希望觀眾拭目以待。

Farewell 不一定要傷心痛哭，告別只是代表人生另一階段的開始，最重要是在適當的時候做合適的事情。溫拿各人可能已有新的人生目標，他們可以做自己喜歡的事情，滿足、惜福、無憾就好。

VII. 嚴勵行（Johnny Yim）

著名唱片監製、編曲家、演唱會音樂總監

很「曳」的溫拿

我與溫拿一般的樂迷不同，因為我是認識五名成員後才仔細聆聽溫拿作品的。兒時暑假，無聊時看電視重播溫拿特輯，覺得五名歌手很「曳」，壞壞的，因為在節目中他們總是愛玩。後來認識了譚校長，他帶我跟溫拿成員吃飯見面，我才發現原來他們真的很「曳」，跟電視上的形象一樣貪玩，十分「過癮」（有趣）。

認識溫拿後，我看到他們對音樂的堅持和熱愛，也知道他們的曲風受西方樂隊，如Beatles 的影響。那時我開始大量聽他們的歌曲，研究他們的音樂風格。

不知何時結束

製作《由始至今》告別專輯前，我已跟溫拿有多次合作經驗。以前我在旺角開了一間錄音室，第一次到那裏錄音的就是溫拿樂隊。

幫溫拿製作歌曲和錄音的最大特色是很難結束，因為他們五人各有創意，又因為五人都很尊重其他成員，所以有時要每人的建議都嘗試一次才能作決定，比其他歌手要多花一點時間。然而，這不是缺點，因為樂隊精神理應如此，溫拿最值得欣賞的也是他們彼此尊重、互相欣賞、無大小之分的態度，只是我一個人面對他們五人，就要有較多的時間和耐性。

縱然溫拿五人總有許多意見，但他們已培養了合作的默契。當某一首歌由其中一名隊員創作的時候，其他人就會讓他多發表意見，而且會盡量遷就對方的構思，那是很健康的合作風氣。工作完後，大家又再打成一片，因此可以維持那麼長久的合作關係。

不知何時吃完

跟溫拿合作，除了不知何時完成工作外，亦會不知道什麼時候才吃得完。有一次與他們去馬來西亞登台，抵達後遇上大塞車，我們在旅遊車上坐了很久，聊天、猜枚、吃零食……什麼也做完了，車還是擠

在公路上。突然溫拿五人說要下車伸展，就全隊走在公路上，四處的司機和乘客突然見到明星出現，都開心得瘋了，而溫拿亦熱情地跟別人打招呼。好不容易可以開車了，他們帶所有工作人員去吃地道風味晚餐。當我們以為已吃飽，會回酒店的演出場地視察時，溫拿才說剛才只是小吃，現在還有預早訂了座位的正餐！於是全團又浩浩蕩蕩地去吃火鍋，撐着肚子回到酒店，已是夜半 12 時，可見溫拿真是一隊極喜歡吃的樂隊。

兄弟班的經驗

2018 年，陳友導演及編劇，以溫拿樂隊為藍本的電影《兄弟班》上映，我負責配樂和配音。那是一次很好的經驗，因為我要短時間內細味溫拿自組成以來的經歷，也要熟聽他們的作品。很少接觸有如此高度真實性的工作，因為我認識五名現實中的主角，也要找樂師模仿他們各人的演出風格，用聲音還原事件。有一場戲非常深刻，電影中的樂隊在酒吧工作時被欺負，

各人沒精打采地上台。要模仿沒精打采地演奏樂器原來是很困難的，尤其是我聘請的都是專業樂手，大家要揣摩很久和實驗很多次，才錄到刻意又自然地彈得不好的效果，那次工作不單具挑戰性，也讓我更了解溫拿樂隊的心路歷程。

難以置信的告別

溫拿樂隊本年（2023 年）宣佈告別樂壇，我是無法置信的，也很驚訝。不如他們告別後再 encore，我也想找他們作慈善演出。溫拿精神的最大特色是對情感的重視、對別人的尊重，平日有樂迷想跟他們合照，都會獲得隊員親切的回應。表面上他們愛玩，其實他們對工作有嚴謹的要求，只是用輕鬆的方式表達，不想給工作人員壓力。每次預料有衝突可能發生，譚校長就會親自出面了解，以求盡快解決問題，大事化小。

溫拿五虎中，我跟譚校長最熟。他是非常親切的前輩。我曾不守法，因醉駕被控

告,他願意替我寫信求情;我搬家的時候,他又擔心我不夠家具,親自去選購椅子送給我。

B哥哥為人很溫文,很懂得為人設想。出埠工作,他會關心我的住宿,可能因為他慣了帶着家人,所以會照顧別人。此外,他亦有搖滾歌星狂野的一面,還記得有一次上台演出前,十分口渴,看到一盆冰凍的啤酒,我不敢飲,B哥哥就說:「怕什麼?我們是 rock stars。」然後就陪我乾了一罐,開開心心地出場表演。

健哥在我心目中是一個很有想法的人,但不太會用言語表達,可能他是結他手,慣了用弦樂表達心聲。他有深厚的音樂底子,會為一個音構思數天,至今對音樂仍有火熱的心。陳友很喜歡爵士樂,他聰明,很有創意,又懂得享受人生,現在仍樂於與朋友夾 band。強哥早已是退休人士,他其實很有趣,口齒不太伶俐,有一次錄普通話歌,譚校長笑他彷彿有一口千年巨痰卡在喉嚨,沒辦法聽到他唱什麼,最後我們還剪了強哥的歌聲做手機來電鈴聲。

告別演唱會即將舉行,我想他們知道,每一個真正認識他們的人都會很愛惜溫拿。他們一定要身體健康,繼續享受人生。

VIII. 朱耀偉

香港大學香港研究課程教授及總監

非一般的搖滾樂隊

兒時收看「麗的電視」，看過溫拿樂隊的演出，但由於他們唱英文歌，而那時我還是小學生，所以不太明白歌曲內容，只覺得五位大哥哥很「有型」：長頭髮、喇叭褲、鬆糕鞋……直至電影《大家樂》上映，霑叔（黃霑）為那齣戲寫了許多溫拿主唱的粵語歌，我才對他們的作品留下深刻印象。

那個年代，溫拿跟其他樂隊相比，予人不同的感覺。一般搖滾樂隊的成員多穿皮外衣，戴許多金屬飾物，給人「壞」的觀感，而溫拿卻英俊、陽光，是偶像般的歌手。

多元流行文化

研究香港流行音樂多年，我認為溫拿樂隊體現了香港由英語流行曲過渡至粵語流行曲的範式轉移。此外，溫拿的作品吸納了不同的文化特質，因為既有英文歌、粵語歌，亦有國語歌，展現了香港流行文化的多元特色。他們亦是最早期能跨地域與跨媒體（流行曲、電視、電影）的歌手，帶動了歌手走向流行文化不同範疇的發展方向，可以說是香港跨媒體明星制度的先驅。

從溫拿樂隊的發展可見，香港流行歌曲的獨特性和影響力。例如阿B有一首歌名 *4:55 (Part of the Game)*，由於用英語唱，我最初以為是翻唱西方的流行曲，後來才知原版是日本流行曲；其後鍾鎮濤亦將同一首歌改編為經典的粵語作品《讓一切隨風》，呈現了香港流行音樂能吸納不同語言和文化的特色。

上世紀70年代，香港是華語流行文化的中心。當時內地市場未開放，溫拿樂隊乘時而起，如霑叔的博士論文《粵語流行曲的發展與興衰：香港流行音樂研究（1949-1997）》所言，當時的香港是一個歷史的偶然，而那時冒起的偶像因此較容易跨出香港，如鄧麗君來港發展後，她的歌因而打入了全球不同的華語社群。

近年香港不再是華語流行文化中心,藝人要衝出香港也相對困難,甚至事倍功半。尤其韓國流行文化是由國家推動的創意產業,因此有力地佔據了亞洲的領導位置。縱然現在香港很難再產生如溫拿樂隊般的神話,但疫情後市民對娛樂的需求與追捧偶像的潮流再現,都有助唱片和培養偶像歌手的工業發展,同時會讓投資者明白,香港不能只複製從前的成功模式。

成功非一朝一夕

事實上,溫拿傑出的成就不是一朝一夕得來的。他們由 The Loosers 時期開始,經歷過許多苦練和演出,一切是慢慢磨練而成。相反,現在歌手走紅,給人的感覺是較容易和即時,但其實長久的成功需要紮實的基礎。本地歌手現在雖然面對很大的困難,但如果能積累實力,待出現適當時機就有爆發的力量。

我個人不希望溫拿樂隊告別樂壇,畢竟他們是歷史最長,加上成員又從沒改變的樂隊,應得以延續,但我明白他們是想為事業畫上完美的句號。溫拿即將舉行告別演唱會,作為一名從事文化研究的學者,我盼望他們的演出能展現香港不同階段的文化特色,讓年輕人可以知道香港流行音樂發展走過的道路。

感謝溫拿樂隊過去帶領香港流行音樂起飛與發展,他們跨媒體與地域的成就,對促進香港流行文化有很大貢獻。盼望新一代歌手能藉此明白,多元化一直是香港發展成功的要素,在流行音樂的範疇亦應該將這寶貴的精神傳承與保留。

IX.Mona

溫拿樂隊成員彭健新的妻子

健仔在隊員幫忙下展開追求

與健仔交往前，我是先認識溫拿的。當年有朋友叫我陪她去灣仔一間酒吧聽歌，因為很喜歡那裏一名叫阿倫的歌手，於是我就與她一起去捧場。我不太喜歡夜店的環境，但去了一次，那朋友又繼續要我陪她前往光顧，原來樂隊中有一名成員想藉此結識我，那就是健仔。

在酒吧認識了溫拿各人後，有一天阿B駕了一輛開篷跑車來我公司門口，問我想不想試駕，原來他是幫健仔牽線與我約會。健仔隨後聯絡我，說想跟我交往，約我駕車載他去釣魚，我們就是這樣開始了約會。

健仔其實是一個「宅男」，我們約會多是去釣魚和打保齡球。雖然溫拿在酒吧工作，但他們都沒有不良嗜好，健仔為人亦很單純，連跳舞也不懂。我們的生活很簡單，但求互相陪伴扶持，也彼此信任。健仔自從跟我一起就儲錢準備結婚，交往一

年後，我們在銅鑼灣「珠城酒樓」擺設婚宴，當時溫拿成員擔任「兄弟團」，自此我也跟着健仔與溫拿樂隊四處登台和工作，還被其他隊員笑我是「跟得夫人」。

嚇人經歷　化險為夷

與溫拿一起有不少難忘與驚險的回憶。在酒吧演出的時候，環境和人流比較複雜，曾有人在酒吧樓梯縱火，幸好沒有釀成火災，後來附近一帶多了警員巡邏。第一次跟溫拿去汶萊登台（就是我們常說阿強給汶萊公主看上那一次），飛機降落機場後一直向前滑行，我們全團人在機艙中，只見停機坪上有很多人揮手，飛機卻沒有減速，原來是機件故障，幸好最後有驚無險，大家安全下機。

最嚇人一次，是拍電影《溫拿與教叔》。我們在九龍塘李小龍的故居工作，突然有十數名持刀的大漢走進來亂劈，將現場的佈景和設備全部破壞。陳友大驚之下將所有財物掉進沙發底，再領着眾人打算爬牆

逃生，可是我們卻攀爬不了，逃脫不成。怎料那些大漢大肆破壞完就離開，沒有打算傷人，我們才逃過一劫。

時光飛逝　眨眼五十年

自從《溫拿狂想曲》播出後，眼見溫拿大受歡迎，在香港與東南亞也有大量歌迷，每次登台總是令機場擠得水洩不通。我負責為健仔、阿強和陳友打點一切，許多事情親力親為，例如製作服裝，要連夜在衫上釘珠片或羽毛，因為以前不是那麼容易找人製作登台服，幕後人員唯有自學設計和剪裁。

有段時期，阿倫和阿 B 去了台灣發展，其他隊員沒什麼工作，頓感徬徨，健仔亦在家人鼓勵下開了茶餐廳，可是生意不太好，最後結束營業。幸運地，他有個機會上電視唱歌，然後被「寶麗金唱片公司」邀請簽約，首支推出的歌曲是《二等良民》。由於反應好，健仔有許多演出機會，更可以獨立歌手的身份發展，而我也可以繼續在他身邊當助理，直至現在。

我們 1973 年結婚，與溫拿樂隊一樣，轉眼 50 年。溫拿成員間的感情一直很好，沒有計較，工作但求開心，只要每次演出可聚在一起就是快樂。告別樂壇順其自然，我當然不捨，正如溫拿每次舉行演唱會，最後一場我總會傷感，因為不知何時可以再聚。盼望大家友誼永固，各人開心生活，而我與健仔也就攜手享受人生，簡簡單單已經足夠。